Herzog Georg zu Braunschweig-Lüneburg (1582-1641), ab 1636 Herzog von Calenberg-Göttingen, und Herzogin Anna Eleonore (1601-1659), geborene Prinzessin von Hessen-Darmstadt; kolorierte Lithografie von F.W. Meister, Goslar 1853

Alexander Dylong

Feldherr
und
Staatsmann
im Dreißigjährigen Krieg

Georg von Calenberg
Herzog zu Braunschweig-Lüneburg

MatrixMedia

Impressum

© MatrixMedia Verlag GmbH – Göttingen 2020

www.matrixmedia.info
www.welfen.de

Umschlagabbildung (vorne):
Georg von Calenberg Herzog zu Braunschweig-Lüneburg (1582-1641);
Ölbild von G. F. Reichmann 1836 für den Rittersaal im Leineschloss von Hannover,
© Schloss Herzberg am Harz,
und Herzog Georg auf dem Gnadenpfennig mit seinem Wappen (1636-1641),
© Herzog Anton Ulrich-Museum, Braunschweig

Umschlagabbildung (hinten):
Herzog Georg zu Braunschweig-Lüneburg (1582-1641),
und Herzogin Anna Eleonore (1601-1659), geb. Prinzessin von Hessen-Darmstadt;
Ölbilder um 1619, © Schloss Marienburg

Redaktionelle Bearbeitung: Werner Lehfeldt
Gestaltung und Layout: Masood Ghorbani, MatrixMedia
Druck: druckhaus köthen, Köthen
ISBN: 978-3-946891-13-0

Dieses Buch wurde gefördert durch:

Calenberg-Grubenhagensche Landschaft

Vorwort

Herzog Georg zu Braunschweig-Lüneburg (1582-1641) gehört zu den wirkungsmächtigsten Herrschern des Welfenhauses. Das Geschlecht der Welfen lässt sich bis in das 8. Jahrhundert zurückverfolgen und zählt somit zu den ältesten Fürstenhäusern Europas. Die Welfen waren eng mit dem fränkischen Herrscherhaus der Karolinger verwandt, das sie mit einer Grafschaft in Oberschwaben um Weingarten herum belehnte. Den Höhepunkt ihrer mittelalterlichen Macht erlangten die Welfen im 12. Jahrhundert, als sie die Herzogtümer Baiern und Sachsen regierten. Nachdem deren Herrscher Heinrich der Löwe aufgrund eines tiefgreifenden Zerwürfnisses mit seinem Vetter, Kaiser Friedrich I. Barbarossa, im Jahr 1180 dieser beiden Territorien verlustig gegangen war, verblieb den Welfen immerhin noch Erb- und Eigenbesitz, der sich um die Städte Braunschweig und Lüneburg konzentrierte. Dieser Besitz wurde dem Reich übertragen, und Kaiser Friedrich II. erhob ihn 1235 zum Herzogtum Braunschweig-Lüneburg und belehnte mit diesem Heinrichs Enkel Otto das Kind.

Im Laufe der folgenden Jahrhunderte gelang es den Welfen, durch eine kluge Heiratspolitik sowie den Abschluss von Erb- und Kaufverträgen ihr Territorium sukzessive zu erweitern. Schließlich reichte ihre Herrschaft um 1500 von der Elbe bis zum Oberlauf der Weser, mit Ausnahme des Hochstifts Hildesheim. Allerdings vermochte sich zunächst kein starker Herrscher zu etablieren, da zahlreiche Erbteilungen eine Machtkonzentration in der Hand eines Fürsten verhinderten. Zu Beginn der Neuzeit hatten sich vier Territorien herausgebildet: die Fürstentümer Lüneburg, Braunschweig-Wolfenbüttel, Calenberg-Göttingen sowie Grubenhagen. In allen welfischen Territorien setzte sich bis zum Ende des 16. Jahrhunderts der Protestantismus durch.

Im 17. Jahrhundert trat der Welfenspross Georg zunehmend in das Rampenlicht der Geschichte Norddeutschlands. Der Prinz und spätere Herzog verstand es mit diplomatischem Fingerspitzengefühl sowie während des Dreißigjährigen Krieges insbesondere durch häufiges Wechseln der militärischen Bündnisse seine eigene Position sowie die seines Hauses zu stärken. Im Gegensatz zu seinen sechs Brüdern galt Georg als weltläufig und verfügte über hervorragende Kontakte zu den wichtigsten politischen und militärischen Akteuren seiner Epoche. So stand er in Korrespondenz unter anderem mit den skandinavischen Monarchen Christian IV. von Dänemark und Gustav II. Adolf von Schweden, aber auch mit Kaiser Ferdinand II. und dem kaiserlichen Generalissimus Albrecht von Wallenstein. Dieser umfangreiche Briefwechsel Georgs ist zu großen Teilen bereits vor fast 200 Jahren von dem ehemaligen hannoverschen General und Diplomaten Friedrich von der Decken herausgegeben worden. Von dem Gründer und ersten Präsidenten des Historischen Vereins für Niedersachsen stammt auch die bis heute einzige umfängliche Biographie der bedeutenden welfischen Herrscherpersönlichkeit Georg. Allerdings vermag das 1833/34 erschienene Werk den Ansprüchen der modernen Geschichtswissenschaft nicht (mehr) zu genügen. Da bis heute keine zusammenfassende Biographie Georgs geschrieben worden ist, unternimmt es nunmehr der Verfasser der vorliegenden Veröffentlichung, den Lebenslauf dieses Fürsten einem breiteren Publikum zu schildern.

Danken möchte ich allen Institutionen, die in großzügiger Weise Bilddokumente für diese Publikation zur Verfügung gestellt haben. Mein ganz besonderer Dank geht an Herrn Prof. Dr. Werner Lehfeldt in Göttingen für seine sorgfältige redaktionelle Bearbeitung der Textvorlage.

Alexander Dylong, Göttingen im Juli 2020

Georgs Familie

Herzog Wilhelm der Jüngere (1535-1592); Ölbild aus dem 19. Jahrhundert

Georg war das 13. Kind aus der Ehe des Herzogs Wilhelm zu Braunschweig-Lüneburg, genannt der Jüngere, mit der dänischen Prinzessin Dorothea. Seine Mutter war die Schwester König Friedrichs II. von Dänemark (1534-1588). Dessen ältester Sohn und damit Neffe Dorotheas war der spätere König Christian IV. (1534-1588), der während des 30jährigen Kriegs 1618 bis 1648 eine wichtige Rolle spielen sollte. Dorothea wurde 1546 als fünftes und jüngstes Kind des dänischen Königs Christian III. (1503-1559) geboren. Dieser königliche Stamm war 1448 begründet worden, als Graf Christian von Oldenburg, Dorotheas Urgroßvater, auf den dänischen Thron berufen wurde. Das Haus Oldenburg blieb auch während seiner Herrschaft über Dänemark über mehrere Generationen hinweg ein von der deutschen Kultur geprägtes Geschlecht. Am Hof in Kopenhagen wurde deutsch gesprochen, und auch die Korrespondenz mit ihren Verwandten führte Dorothea in dieser Sprache. Dorotheas Bruder, König Friedrich II., konnte die Sprache seiner Untertanen nur gebrochen sprechen. Über Dorotheas Jugend und Erziehung ist nur wenig bekannt.[1]

Georgs Vater, Herzog Wilhelm der Jüngere zu Braunschweig-Lüneburg, regierte das Fürstentum Lüneburg mit der Residenzstadt Celle zunächst, von 1559 bis 1569, gemeinsam mit seinem älteren Bruder Heinrich. Nach zehn Jahren trat Heinrich jedoch von der Regierung in Celle zurück. Als Ausgleich wurde ihm das Amt Dannenberg zugesprochen. Herzog Wilhelm der Jüngere regierte seitdem das Fürstentum alleine bis zu seinem Tod im Jahr 1592.

Herzog Wilhelm hielt 1561 aus dynastischen Gründen um Dorotheas Hand an. Hintergrund war die zwischen beiden fürstlichen Häusern erzielte Verständigung über die Zukunft der holsteinischen Landschaft Dithmarschen, durch die eine militärische Auseindersetzung hatte vermieden werden können.[2] Zu diesem Zeitpunkt hatten beide Familien bereits den protestantischen Glauben angenommen. Dorotheas Vater, König Christian III., hatte als glühender Lutheraner die Reformation in Dänemark eingeführt. Wilhelms Vater,

Herzog Ernst zu Braunschweig-Lüneburg, genannt der Bekenner, hatte 1530 das Augsburger Bekenntnis unterschrieben. In Glaubensfragen war gegen diese Verbindung also nichts einzuwenden. Der Vertrag über die Eheschließung zwischen der erst 15jährigen Dorothea und dem um zehn Jahre älteren Herzog Wilhelm von Braunschweig-Lüneburg wurde im Frühjahr 1561 ausgehandelt und anschließend von Dorotheas Bruder, König Friedrich II., sowie von den herzoglichen Brüdern, Wilhelm und Heinrich, unterschrieben. Dorothea selbst war an den Verhandlungen nicht beteiligt gewesen – als bloßes Verhandlungsobjekt besaß sie keinerlei Recht auf Mitspache.

Die Braut erhielt von ihrem Bruder ein Heiratsgeld, eine Mitgift in Höhe von 20.000 Talern. Dazu kamen Schmuck, Kleidung, Kleinodien und Silbergeschirr entsprechend ihrem königlichen Stand. Im Gegenzug setzte ihr Bräutigam Herzog Wilhelm seiner künftigen Gemahlin Schloss, Stadt und Amt Winsen an der Luhe mit Einkünften von 4.000 Talern zur Leibzucht, das heißt zur Witwenversorgung aus, dazu eine Morgengabe von jährlich 300 Talern. Mit der Übergabe des Heiratsgeldes verband sich der Verzicht Dorotheas auf alle weiteren Ansprüche an die väterliche oder die mütterliche Erbschaft.

Am 12. Oktober 1561 erlebte Celle eine glänzende Hochzeit. König Friedrich II. von Dänemark hatte in dem Ehevertrag zugesichert, nicht mehr als 1000 Reit- und Wagenpferde nach Celle mitzubringen; denn in der Residenzstadt waren keine höheren Kapazitäten an Stallungen sowie Abstellplätzen vorhanden. Ein besonders feierliches Gepränge verlieh dem Ereignis die Teilnahme des sächsischen Kurfürsten August nebst Gattin, Herzog Johann Albrechts zu Mecklenburg, der Vettern aus den welfischen Linien Wolfenbüttel, Grubenhagen und Calenberg sowie der Grafen Schaumburg, Hoya, Mansfeld und von der Lippe. Natürlich hatte ein solches glänzendes Fest seinen Preis: Die Kosten der Hochzeit sollen die Mitgift bei weitem übertroffen haben.[3] Die Ehe verlief zunächst sehr glücklich. Beiden Ehepartnern werden eine tiefe Frömmigkeit und ein unbeirrtes Festhalten an der reinen lutherischen Lehre nachgesagt. Die Ehe war mit insgesamt 15 Kindern gesegnet, sieben Söhnen und acht Töchtern, die sämtlich das Erwachsenenalter erreichten.

Dorothea Herzogin zu Braunschweig-Lüneburg (1546-1617),
geborene Prinzessin von Dänemark,
Altarbild, Triptychon, rechter Innenflügel, Celler Schlosskapelle;
Öl auf Holz von Ludger tom Ring d. J., um 1570

Die Regierung Herzog Wilhelms wird allgemein als gut und als segensreich für dessen Fürstentum Lüneburg beschrieben. Im Jahr 1577 kam es jedoch zu dramatischen Veränderungen, die sowohl für das Familienleben als auch für die Lenkung der Staatsgeschäfte erhebliche Folgen nach sich ziehen sollten. Ganz plötzlich zeigten sich bei Wilhelm Anzeichen einer Geisteskrankheit. Er irrte ziellos umher, redete unverständlich, fing an zu weinen, war gereizt und schroff und beschuldigte oder verprügelte grundlos die Dienerschaft. Allerdings trat nach wenigen Monaten eine Besserung ein. 1582 kam es jedoch zu einem erneuten Ausbruch, der viel schlimmer als der erste war. Dorothea drängte nun auf eine zwangsweise vorzunehmende Einschließung ihres Gemahls, zu der sich jedoch die Regierungsmitglieder des Fürstentums nicht bereit zeigten. Erst eine kaiserliche Kommission ermöglichte eine Unterbringung des Herzogs in abgeschlossenen Räumlichkeiten. Nach einigen Wochen in Gewahrsam erholte sich Wilhelm überraschend wieder. Doch im Herbst 1587 brach seine Krankheit wieder und mit großer Heftigkeit aus, so dass in den letzten Jahren seiner Regierung alles in ein Chaos zu stürzen drohte. Die Räte des Landes hatten die Hauptlast der herzoglichen Amtsgeschäfte zu tragen. Als Regenten wurden der Markgraf von Brandenburg sowie Herzog Philipp von Grubenhagen eingesetzt, doch die eigentliche Aufsicht über die Landesverwaltung fiel der Herzogin Dorothea zu. In dieser schwierigen Zeit wuchs auch die Schuldenlast des Landes enorm an. Dies war unter anderem auf Dorotheas doppelte Hofhaltung zurückzuführen, die wegen der besonderen Umstände in Celle nach Medingen und Winsen an der Luhe ausweichen musste. Seit 1589 nahmen ihre beiden ältesten Söhne Ernst und Christian an den Ratssitzungen teil und entlasteten dadurch ihre Mutter. Am 20. August 1592 verstarb Herzog Wilhelm in völliger geistiger Umnachtung. Die Ursache seiner Erkrankung konnte bis heute nicht ermittelt werden.[4]

Dorothea war beim Tod ihres Mannes 46 Jahre alt. Aufgrund des Ehevertrages musste sie sich nun auf ihren Witwensitz nach Schloss Winsen an der Luhe nahe der Stadt Lüneburg zurückziehen.[5]

Von den sieben Söhnen waren die beiden jüngsten, Georg und Johann, 1592 noch minderjährig. Georg war am 17. Februar 1582 in Celle geboren worden,[6] Johann ein Jahr später. Sie lebten teilweise am Celler Hof und bei der Mutter in Winsen. Wie bereits im Fall der Mutter, so ist auch über die Erziehung von Dorotheas 15 Kindern nur sehr wenig bekannt. Im Jahr 1595 bot die Gemahlin des

Schloss Celle,
Ölbild aus dem 19. Jahrhundert
nach einem Kupferstich
von M. Merian, um 1650

Administrators von Magdeburg, des späteren Kurfürsten Johann Friedrich von Brandenburg, an, Georg zusammen mit ihren eigenen Söhnen eine Zeit lang in Halle an der Saale »in Gottesfurcht und freien Künsten« erziehen zu lassen.[7] Das Aussehen des jungen Georg schildern Zeitgenossen zu Beginn seiner Volljährigkeit wie folgt: »Sein hoher schlanker Wuchs, sein von dunklen Locken umwalltes Haupt, seine schwarzen funkelnden Augen verliehen seiner männlichen schönen Gestalt etwas Ehrfurcht Gebietendes.«[8] Über Georgs Biografen Friedrich von der Decken ist zu erfahren: »Im 9ten Jahr seines Alters ward er auf die Universität Jena geschickt, welche er 16 Jahre alt verliess; darauf diente er unter dem Prinzen Moritz von Oranien, und später in dem spanischen Heere unter Spinola mit Auszeichnung als Freiwilliger während mehrerer Feldzüge in den Niederlanden. Mit Bewilligung des Königs von Spanien bot ihm Spinola, der ihn sein bester Schüler in der Kriegskunst zu sein erklärte, das Commando eines spanischen Regiments zu Fuss als Obrist, verbunden mit glänzenden Aussichten, an, welches Anerbieten er aber ablehnte, und von Spinola empfohlen, sich an den Hof des Herzogs Albert zu Brüssel begab, wo ihm eine günstige Aufnahme zu Theil ward. Von dort bereiste er Frankreich, England und Italien; in Malta woselbst ihn der Grossmeister mit Freundschaftsbezeugungen überhäufte, hielt er sich eine geraume Zeit auf. Der Tod seines ältesten Bruders Herzog Ernst im Jahre 1611 rief ihn nach Hause zurück.«[9]

Junger Offizier

ERNESTVS, D.G. DVX BRVNOVICENSIS ET LVNÆBVRGENSIS.
OBÏT Z DIE MARTII. ANNO IÕII ÆTATIS. 46.

Georgs Werdegang zeigt, dass er eine vielseitige Ausbildung erhalten hatte, obwohl über seine universitäre Ausbildung in Jena im Einzelnen nichts Genaues bekannt ist. Jedenfalls hielt er sich dort mehr als sechs Jahre auf. Das lobende Urteil Spinolas, des Kommandierenden aller in den Niederlanden kämpfenden spanischen Truppen, über Georgs militärisches Talent lässt erahnen, welchen Weg der Lüneburger Prinz in Zukunft einschlagen würde.

Georgs ältester Bruder, Herzog Ernst, regierte das Fürstentum Lüneburg 19 Jahre lang allein. In dieser Zeit erneuerte er die Kirchenordnung und modernisierte das Rechtswesen. Noch kurz vor seinem Tod fällte er eine für sein Land bedeutsame Entscheidung. Am 3. Dezember 1610 beschlossen die sieben Lüneburger Brüder unter dem Vorsitz von Herzog Ernst und mit Zustimmung der Lüneburger Landstände, das Fürstentum solle in Zukunft stets ungeteilt und jeweils nur einem einzigen Nachfolger vererbt werden. Das war ein weiser und vorausschauender Vertrag, den die Brüder unterzeichneten, denn die Kassen im Lande waren leer, und eine weitere Erbteilung hätte das Fürstentum an den Rand des Abgrunds geführt. Nachdem Herzog Ernst 1611 kinderlos verstorben war, übernahm der zweite Bruder, Christian, die Regierung. Er bekräftigte den Unteilbarkeitsvertrag, der am 29. Oktober 1612 die kaiserliche Bestätigung erhielt. Wenig später wurde unter den verbliebenen sechs Brüdern eine weitere wegweisende Vereinbarung getroffen. Durch Losentscheid sollte nur einer der Brüder eine standesgemäße Ehe eingehen dürfen. Georg, der fünfte Bruder, gewann. Er zog aus einem Hut die entscheidende goldene Kugel, die nur ihm das Recht zubilligte, für den Fortbestand des fürstlichen Hauses Lüneburg zu sorgen.[10] Daraus leitete sich für Georg aber noch keine Regierungsbeteiligung im Fürstentum

Herzog Ernst zu Braunschweig-Lüneburg regierte in Celle das Fürstentum Lüneburg von 1592 bis 1611; Ölbild um 1623

ab, da zunächst seine älteren Brüder ihm gegenüber als Regenten bevorrechtigt waren.

So war der junge Offizier darauf angewiesen, bald wieder im Sold zu stehen und eine Bestallung zu finden. Er trat nun in die Dienste seines Vetters König Christian IV. von Dänemark, der bereits ein Auge auf ihn geworfen hatte. Georgs militärische Begabung war auch in Kopenhagen niemandem verborgen geblieben. Mit Zustimmung seines in Celle regierenden Bruders beteiligte er sich als Generalwacht-meister am dänisch-schwedischen Kalmarkrieg (1611-1613). Der König vertraute ihm in der Schlacht von Kalmar sein gesamtes Heer an und übertrug seinem Vetter sogar den Oberbefehl. Dafür brachte der welfische Offizier Söldner aus dem Lüneburger Fürstentum mit nach Dänemark, die sich Georgs Bruder, Herzog Christian, in Celle von dem dänischen König gut bezahlen ließ. Mit allen erforder-lichen militärischen Mitteln ausgerüstet, enttäuschte Georg den König nicht. Er schlug die angreifenden Schweden unter König Karl IX. in die Flucht und fügte den schwedischen Truppen bei der Erstürmung der Feste Elfsberg schwere Verluste zu. Dadurch sicherte Georg seinem dänischen Vetter die Vorherrschaft im Ostseeraum. Gegen Ende des Feldzugs 1612 übertrug König Christian IV. Georg erneut das Kommando über die dänische Armee. Doch Georg nutzte die eingeleiteten Friedensverhand-lungen zwischen Dänemark und Schweden im Dezember 1612 und beendete seinen Dienst – nicht zuletzt, um sich von seinen Verwundungen zu erholen.

Georgs vielseitige Ausbildung, sein Ehrgeiz sowie seine hohe Begabung waren einzigartig in seiner Familie. Sie manifes-tierten sich bei keinem anderen seiner sechs Brüder in so hohem Maße. Aus diesem Grund wurde ihm nach seiner Rückkehr aus Dänemark der Auftrag erteilt, Streitigkeiten zwi-schen der Stadt Braunschweig und dem neu zur Regierung gelangten Herzog Friedrich Ulrich von Braunschweig-Wolfen-büttel zu schlichten. Friedrich Ulrichs Vater, Herzog Heinrich Julius, war 1613 im 50. Lebensjahr verstorben. Die enge Ver-wandtschaft mit Friedrich Ulrichs Mutter, einer Schwester des

Herzog Christian zu Braunschweig-Lüneburg regierte in Celle das Fürstentum Lüneburg von 1611 bis 1633; Ölbild von 1623

15

Herzog Georg (1682-1641)
zu Braunschweig-Lüneburg regierte
das Fürstentum Calenberg-Göttingen
von 1636 bis 1641;
Ölbild um 1619

dänischen Königs Christian IV. und somit einer Cousine Georgs, beflügelten Georg bei der Erfüllung seines Verhandlungsauftrags. In dem Streit verweigerte die Stadt Braunschweig dem jungen Herzog Friedrich Ulrich zunächst die Huldigung. Fürst und Stadt sahen die eigenen Rechte jeweils durch den anderen beschnitten und vermochten sich nicht zu verständigen. Nach einer zweimaligen Belagerung der Okerstadt durch herzogliche Truppen kam es 1615 nach diplomatischen Verhandlungen unter Mitwirkung Georgs zu einer Aussöhnung beider Seiten.[11]

Ebenfalls Georgs Verhandlungsgeschick war es zu verdanken, dass der Erbschaftsstreit zwischen der Lüneburger und der Wolfenbütteler Linie der Welfen um das Fürstentum Grubenhagen 1617 zugunsten von Lüneburg entschieden wurde. Dieses Fürstentum im Harz war seit dem 13. Jahrhundert ein eigenständiges Teilfürstentum der Welfen gewesen. Als der letzte Herzog Philipp II. von Braunschweig-Lüneburg-Grubenhagen 1596 kinderlos verstorben war, nahm Herzog Heinrich Julius von Braunschweig-Wolfenbüttel das kleine Fürstentum handstreichartig in Besitz. Durch geschickte diplomatische Verhandlungen, vor allem mit dem Hof Kaiser Matthias' in Prag, aber auch durch kluge Nutzung seiner vielfältigen Beziehungen, insbesondere zu Dänemark, erreichte Georg, dass das Fürstentum 1617 endgültig an die Lüneburger Linie fiel. Georgs Bruder, Herzog Christian in Celle, nahm das Fürstentum Grubenhagen offiziell 1617 in Besitz. Aus Dankbarkeit erhielt Georg von seinem Bruder das Schloss und das Amt Herzberg am Harz als Wohnsitz und Apanage (Lebensrente) übertragen.

Durch seine Einkünfte in Herzberg erlangte Georg zum ersten Mal eine gewisse Unabhängigkeit, so dass er am Hof des Landgrafen Ludwig V. von Hessen-Darmstadt um die Hand von dessen 16jähriger Tochter Anna Eleonore anhalten konnte. Schließlich war aufgrund der zwischen den fürstlichen Brüdern gefassten Beschlüsse einzig Georg berechtigt und verpflichtet, für den Fortbestand des Hauses Lüneburg zu sorgen. Das Haus Hessen galt als den Welfen ebenbürtig. Das Land war in ähnlicher Weise zersplittert wie das Herzogtum Braunschweig-Lüneburg. Ein Zweig regierte in Hessen-Kassel, während die Linie Hessen-Darmstadt drei regierende Fürsten aufzuweisen hatte, in Darmstadt, in Butzbach und in Homburg. Anna Eleonores Vater, Landgraf Ludwig V. von Hessen-Darmstadt, galt unter allen protestantischen Fürsten des Reichs als derjenige, der beim Kaiser am meisten Gehör fand. Dieser Umstand war für Georg von ganz besonderer Bedeutung, und so konnte die Vermählung bereits am 14. September 1617 in Darmstadt in Anwesenheit von 3000 Personen vollzogen werden.[12] Ein Inventar listet auf, was die Braut an Silbergeschirr und Schmuck in die Ehe einbrachte.[13] Anna Eleonore erfüllte die Bedingungen, die an eine braunschweig-lüneburgische Braut gestellt wurden, selbst wenn die Verbindung in den Augen von Georgs Biografen Friedrich von der Decken »anscheinend wenig glänzend« war, jedoch »einen so wichtigen Einfluss auf das politische Leben des Herzogs Georg hatte.«[14]

Das frischvermählte Paar bezog am Vorabend des 30jährigen Krieges Schloss Herzberg am Harz. Hier sollte Anna Eleonore acht Kinder zur Welt bringen, von denen vier Söhne und eine Tochter das Erwachsenenalter erreichten. Das imposante Schloss des ehemaligen Teilfürstentums Grubenhagen liegt auf einem felsigen Bergrücken südwestlich der Stadt Herzberg am Rand des Westharzes. Die ehemalige Reichsburg war bereits einige Jahre vor 1154 in den Besitz des welfischen

Herzogin Anna Eleonore (1601-1659) zu Braunschweig-Lüneburg, geb. Prinzessin von Hessen-Darmstadt; Ölbild um 1619

Das Fürstl. Braunl. Lüneb. Schloss vnd Flecken
Hertzberg

Schloss Herzberg am Harz;
Kupferstich von
Matthäus Merian 1654

Sachsenherzogs Heinrich des Löwen gekommen, eines direkten Vorfahren Georgs. Heinrich der Löwe hatte zusammen mit der Burg Scharzfels und Pöhlde die weitere Umgebung durch Tausch von seinem Vetter Kaiser Friedrich I. Barbarossa erhalten. Im Jahre 1510 fiel Schloss Herzberg während der Regierungszeit Herzog Philipps I. von Braunschweig-Lüneburg-Grubenhagen einem Brand zum Opfer. Daher ist über die ältere Geschichte der ehemaligen Burg und deren Bewohner nur wenig überliefert. Schloss Herzberg hat das Erscheinungsbild des Neubaus von 1510 bis heute weitgehend bewahren können. Es ist mit 180 Zimmern die größte Schlossanlage Niedersachsens, die in Fachwerkbauweise errichtet worden ist. Einen Eindruck von dem neuentstanden Schloss vermittelt ein Kupferstich Matthäus Merians aus dem Jahr 1654.[15]

Während Georg eine Ausbildung zum Offizier absolvierte und sich sein Ruf als erfolgreicher Feldherr weithin verbreitete, schlugen seine Brüder zunächst eine geistliche Karriere ein; denn auch sie mussten dem jeweils Älteren in der Regierung des Fürstentums Lüneburg den Vorrang einräumen. Nach der Reformation blieben die lutherisch gewordenen Bistümer in Norddeutschland zunächst in ihrer alten Verfassung bestehen und dienten nunmehr den jüngeren protestantischen Fürsten-

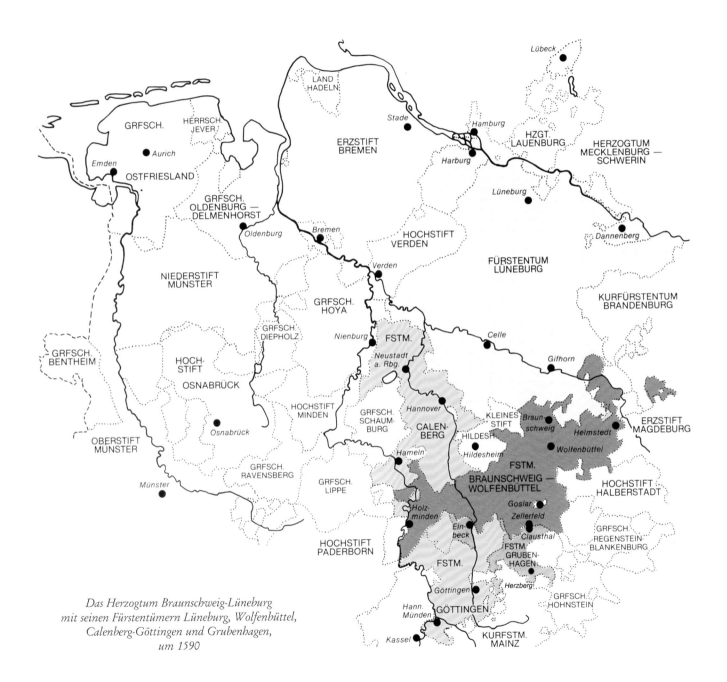

Das Herzogtum Braunschweig-Lüneburg mit seinen Fürstentümern Lüneburg, Wolfenbüttel, Calenberg-Göttingen und Grubenhagen, um 1590

Herzog August zu Braunschweig-Lüneburg regierte in Celle das Fürstentum Lüneburg von 1633 bis 1636; Ölbild von 1623

söhnen für Auskommen und Versorgung. Der Augsburger Religionsfrieden von 1555 gab den Reichsfürsten das Recht, die Konfession ihrer Untertanen zu bestimmen (»cuius regio, eius religio«). Trotz des geistlichen Vorbehalts wurden nach dem Augsburger Religionsfrieden zahlreiche Kirchengüter in umfangreichem Maße säkularisiert. Dagegen konnte zwar vor dem Reichskammergericht und dem Reichshofrat juristisch vorgegangen werden, doch oftmals waren die Prozesse sehr langwierig und kostspielig, so dass der juristische Aufwand in keinem vernünftigen Verhältnis zum Ergebnis stand. Ferner wurden zahlreiche norddeutsche Bistümer mittlerweile von evangelischen Bischöfen administriert, darunter die Erzbistümer Bremen und Magdeburg, das Fürstbistum Halberstadt sowie das Bistum Lübeck, während das Bistum Meißen und das Bistum Naumburg-Zeitz faktisch von den sächsischen Kurfürsten annektiert worden waren. So wurden Christian, der zweite der sieben Celler Brüder, 1599 Bischof von Minden, August 1610 Bischof von Ratzeburg, Friedrich 1602 Dompropst des Erzbistums Bremen und 1637 Koadjutor des Bistums Ratzeburg, Magnus Dompropst zu Braunschweig und Johann Domherr zu Minden.

Von den sechs Brüdern Georgs durfte lediglich August eine – allerdings nicht ebenbürtige – Ehe mit Ilse Schmidichen, der Tochter des Amtmannes zu Fallersleben, eingehen. Die Kinder aus dieser Ehe waren daher nicht erbberechtigt, weshalb August für sie die Rittergüter Wathlingen und Uetze erwarb. Im Jahr 1625 wurden Ilse Schmidichen und ihre Kinder vom Kaiser unter dem Namen »von Lüneburg« in den Adelsstand erhoben.[16]

Ebenso wie zu seinen Brüdern unterhielt Georg auch zu seinen acht Schwestern regelmäßig Kontakt:

- Sophie (1563-1639), Georgs älteste Schwester, heiratete 1579 Markgraf Georg Friedrich von Brandenburg-Ansbach und Brandenburg-Kulmbach in dessen zweiter Ehe, die kinderlos blieb. 1603 wurde sie Witwe und siedelte 1632 nach Nürnberg über. Im Alter von 75 Jahren starb sie und wurde in der St-Lorenz-Kirche zu Nürnberg beigesetzt, in der ihr von dem Nordhäuser Bildhauer Jürgen Tribbe geschaffenes Epitaph noch heute bewundert werden kann.

- Elisabeth (1565-1621) heiratete 1585 in Celle Graf Friedrich von Hohenlohe-Langenburg, der aber bereits 1590 im Alter von 36 Jahren verstarb. Elisabeth starb im Alter von 55 Jahren und wurde in der Stiftskirche zu Öhringen an der Seite ihres Mannes beigesetzt. Das Ehepaar hatte eine Tochter.

- Dorothea (1570-1649) heiratete 1585 Herzog Karl I. von Pfalz-Zweibrücken und Birkenfeld. Aus der Ehe gingen vier Kinder hervor. Mit diesen Kindern begründete das Paar die wittelsbachische Linie Pfalz-Birkenfeld, aus der später das bayerische Königshaus hervorgehen sollte.

- Clara (1571-1658) ehelichte 1592 den um 36 Jahre älteren Grafen Wilhelm von Schwarzburg-Frankenhausen. Ihr Gemahl war bereits Witwer, seine erste Ehe war kinderlos geblieben. Auch seine nur kurze Zeit während eheliche Verbindung mit Clara blieb ohne Nachkommen. Der Graf verstarb bereits nach sechs Ehejahren 1598, und seine Herrschaft fiel nun an die Rudolstädter Linie. Die 27jährige Clara verließ die Frankenhäuser Residenz und bezog ihren Wittumssitz Schloss Heringen bei Nordhausen am Rand des Südharzes. Als Georg einige Jahre später mit seiner Frau Anna Eleonore am südlichen Harzrand Schloss Herzberg zu seiner Residenz erklärte, kam es wegen der räumlichen Nähe regelmäßig zu Kontakten mit seiner Schwester. Soweit es Clara möglich war, besuchte sie ihren Bruder in Herzberg. Dabei erfahren wir, dass sich Georg vor allem im 30jährigen Krieg immer wieder für seine Schwester einsetzte, ihr Schutzbriefe ausstellen ließ und kostspielige Einquartierung in Heringen zu verhindern wusste.

Herzog Friedrich zu Braunschweig-Lüneburg regierte in Celle das Fürstentum Lüneburg von 1636 bis 1648; Ölbild von 1623

Herzogin Sophie (1563-1639)
zu Braunschweig-Lüneburg
war das älteste Kind von Herzog
Wilhelm dem Jüngeren.
Sie heiratete 1579
Markgraf Georg Friedrich
von Brandenburg-Ansbach;
Ölbild um 1600

- Anna Ursula (1572-1601) blieb unverheiratet und verstarb 1601 im schwäbischen Kirchberg, wo sie eine Zeit lang bei ihrer Schwester Elisabeth auf deren Witwensitz gelebt hatte. Beigesetzt wurde sie in Crailsheim.

- Margarethe (1573-1643) heiratete 1599 Herzog Johann Casimir von Sachsen-Coburg in dessen zweiter Ehe, die kinderlos blieb. Margarethe lebte lange Zeit in Celle als Witwe. Sie wurde 1643 unter dem Chor der Stadtkirche zu Celle in der Familiengruft beigesetzt.

- Marie (1575-1610) blieb unverheiratet und verstarb im Alter von 34 Jahren in Darmstadt, wo sie sich anlässlich der Hochzeit des Landgrafen Philipp III. von Hessen-Butzbach mit Anna von Diepholz aufhielt.

Schutzbrief Tillys vom 14.7.1627
Der Schutzbrief sollte die kaiserlichen Söldner von Plünderungen und Übergriffen
auf die Bevölkerung des verbündeten Fürstentums Grubenhagen abhalten.

Magnus (1577-1632)
Herzog zu Braunschweig-Lüneburg;
Ölbild von 1623

Johann (1583-1628)
Herzog zu Braunschweig-Lüneburg;
Ölbild von 1623

- Sibylle (1584-1652) war Georgs jüngste Schwester. Sie lebte seit 1589 zur Erziehung bei ihrer Schwester Sophie in Ansbach und heiratete ihren Vetter Julius Ernst aus der Dannenberger Nebenlinie des Welfenhauses. Zwei Kinder aus dieser Ehe starben direkt nach der Geburt. Sibylle verschied 1652 auf Schloss Heringen während eines Besuches bei ihrer Schwester Clara.[17]

Der böhmisch-pfälzische Krieg

Zu Beginn des 30jährigen Krieges umfassten die welfischen Territorien einen großen Teil des Niedersächsischen Reichskreises. Vor diesem Hintergrund wurde der erfahrene Feldherr Georg zu dessen General ernannt. Bereits der Aufstand in Böhmen 1618, der zum großen Kriege führen sollte, gab den Anstoß dazu, dass im Reichskreis Rüstungen vorangetrieben wurden. Für Georg spielte die Ursache des Krieges zunächst keine Rolle. Vielmehr verfolgte er entschlossen und mit allen Mitteln stets nur das eine Ziel, die welfischen Lande zu stärken und zu erweitern.

Der Konflikt hatte seinen Anfang in Böhmen genommen, in dessen Hauptstadt Prag er am Vormittag des 23. Mai 1618 kulminierte. In ihm ging es um die ständischen Rechte und um die freie Religionsausübung, in Böhmen, also um das Recht der Menschen, gemäß ihren eigenen Vorstellungen für das Seelenheil zu sorgen. Dabei beriefen sich die böhmischen Stände auf den Majestätsbrief Kaiser Rudolfs II. aus dem Jahr 1609. In ihm waren die Protestanten den Katholiken gleichgestellt worden, was auf die organisatorische Eigenständigkeit ihrer Kirche hinauslief und bedeutete, dass sie ungehindert Kirchen- und Schulgebäude errichten durften. Außerdem erlaubte es ihnen der Majestätsbrief, ihre Rechte zu verteidigen. Matthias, seit 1611 Rudolfs Nachfolger als böhmischer König, hatte diese Privilegien bestätigt, und auch Erzherzog Ferdinand, der ein Jahr zuvor neugewählte böhmische König, hatte zugesagt, dass er die den Böhmen im Majestätsbrief zugesicherten religiösen Freiheiten uneingeschränkt anerkenne. Darauf hatte die dem neuen König huldigende Ständeversammlung in Böhmen großen Wert gelegt.

Ferdinand betrieb jedoch in der Steiermark eine rigorose Politik der Rekatholisierung. Daher wurde befürchtet, er werde auch in Böhmen auf diese Weise vorgehen, um der Gegenreformation zum Sieg zu verhelfen. Dabei spielte einer der Statthalter des Kaisers in Prag eine wichtige Rolle. Ein von ihm herausgegebener Erlass, in dem es hieß, dass, wer von den Untertanen seiner Besitzungen nicht zur katholischen Beichte und Kommunion gehe, 50 Taler Strafe zahlen müsse, richtete sich eindeutig gegen die Protestanten und verletzte die im Majestätsbrief

Kaiser Ferdinand II.
(1578-1637);
Kupferstich um 1620

jedem Bürger und Bauern zugesicherte Religionsfreiheit. Die allgemeine Unruhe wurde noch dadurch gesteigert, dass die weitgehend protestantische Altstadt von Prag einen Rat erhalten hatte, der zu mehr als der Hälfte aus Katholiken bestand. Ganz allgemein wurden bei der Ämtervergabe in der landesherrschaftlichen Administration Böhmens entschiedene Anhänger der Gegenreformation bevorzugt.

Der unmittelbare Anlass für die erste Einberufung der böhmischen Stände im März 1618 waren die Auseinandersetzungen um protestantische Kirchenbauten gewesen. Lutheraner hatten auf dem Land eine Kirche errichtet, die wieder geschlossen werden musste. Die kaiserlichen Statthalter in Prag unterstützten diese Maßnahme, indem sie in einem Schreiben anwiesen, den Kirchenschlüssel abzuliefern. Als einige Lutheraner daraufhin nach Wien reisen wollten, um bei Kaiser Matthias unter Verweis auf die im Majestätsbrief zugesicherten Rechte Klage zu führen, wurden sie kurzerhand in Arrest genommen.

Daraufhin setzte die Ständeversammlung am 11. März 1618 ein an den Kaiser gerichtetes Schreiben auf, in dem dieser aufgefordert wurde, die Beschwerden der Bürgerschaft zur Kenntnis zu nehmen und deren Rechte in Böhmen zu respektieren. In der kaiserlichen Antwort vom 21. März wurde die Ständeversammlung daraufhin für ungesetzlich erklärt, und die Magistrate der böhmischen Städte wurden angewiesen, keine Abordnungen zu ihr zu entsenden. Das Vorgehen der Stände wurde als Anlass zu Aufruhr und Zwietracht verurteilt, den Anstiftern ein Strafverfahren angekündigt.

Am 21. Mai traten die Stände erneut in Prag zusammen, um über die kaiserliche Antwort zu beraten und auf sie zu reagieren. Kaum war die Versammlung am 21. Mai eröffnet worden, wurde ihr im Auftrag der Statthalter ein neuer Erlass des Kaisers vorgelegt, der ihr Zusammentreten untersagte und die Versammelten aufforderte, unverzüglich auseinanderzugehen.

Georg (1582-1641)
Herzog zu Braunschweig-Lüneburg,
regierte Calenberg-Göttingen 1636 bis 1641;
Ölbild von 1623

Somit waren Landesherrschaft und Ständeversammlung nach längeren Störungen ihres Zusammenwirkens in einen Konflikt geraten, dessen gewaltsame Austragung nur noch durch das Nachgeben einer Seite vermieden werden konnte. Die große Mehrheit der böhmischen Ständevertreter zeigte sich dazu jedoch nicht bereit. Ihr Zorn richtete sich gegen die kaiserlichen Statthalter auf der Burg: Man wollte von ihnen erfahren, ob sie das Versammlungsverbot gebilligt oder gar zu seinem Erlass geraten hätten. Um sie zur Rede zu stellen, zog man am Morgen des 23. Mai los. Auf dem Weg zur kaiserlichen Burg schlossen sich dem Zug immer mehr Personen an. Schließlich war es eine große Menschenmenge, die sich Zutritt zum Hradschin verschaffte.

Graf Thurn stellte den Statthaltern die Frage, wer der Verfasser des kaiserlichen Dekrets sei und welchen Anteil sie, die Statthalter, an ihm hätten. Vom Auftreten der Eindringlinge eingeschüchtert und wohl auch unter dem Eindruck von deren Waffen, erklärte der Oberstburggraf, nur unter äußerem Zwang verletze er das Dienstgeheimnis, und versicherte, dass das Schreiben nicht in Prag entworfen worden sei. Doch die Situation war inzwischen zu sehr aufgeheizt worden, als dass mit dieser Auskunft die Gemüter hätten beruhigt werden können. Adam von Sternberg und Diepold von Lobkowitz wurden aus dem Saal hinausgedrängt, während sich einige Ständevertreter der Herren Slawata und Martinitz bemächtigten, sie zu den weit geöffneten Fenstern zerrten und dann in den 17 Meter unten gelegenen Schlossgraben warfen. Und weil sie schon dabei waren, warfen sie den Sekretär Fabricius gleich hinterher. Allerdings überlebten alle drei Personen den Sturz, da sie auf einen Abfallhaufen fielen. Das Ganze spielte sich zwischen neun und zehn Uhr ab. Aus den Vertretern der böhmischen Stände waren politische Rebellen geworden.[18]

Die Nachricht vom Prager Fenstersturz erreichte im Juni 1618 Heidelberg. Kurfürst Friedrich V. von der Pfalz war mit Elisabeth Stuart verheiratet, einer Tochter des englischen Königs James I. Elisabeths Mutter, Königin Anna, war eine Schwester des dänischen Königs Christian IV. und somit eine direkte Cousine Georgs von Lüneburg. Kurfürst Friedrich V. stand als Führer der protestantischen Fürsten an der Spitze der Union im Reich, und die pfälzische Politik solidarisierte sich mit den böhmischen Ständen. Im Juli 1618 baten diese den pfälzischen und den sächsischen Kurfürsten offiziell um Vermittlung. Doch alle Bemühungen scheiterten, da man in Prag seit Herbst 1618 keinen Wert mehr auf eine gütliche Einigung

Prager Fenstersturz von 1618;
zeitgenössischer Holzschnitt

Friedrich V. (1596-1632),
Kurfürst von der Pfalz und
König von Böhmen 1619 bis 1620.
Er wurde von seinen Gegnern
als »Winterkönig« verspottet,
da er nur einen Winter 1619/20
als König von Böhmen herrschte.
Ölbild nach G. van Honthorst, um 1630

legte. Vielmehr war man fest entschlossen, den Habsburger Ferdinand als König von Böhmen abzusetzen. Im November 1618 soll in Prag zum ersten Mal von einer Kandidatur Friedrichs V. für die böhmische Wenzelskrone die Rede gewesen sein.

Mit dem Tod Kaisers Matthias' im März 1619 verschärften sich die Gegensätze weiter. Ferdinand II. wurde am 26. August 1619 in Frankfurt am Main zum neuen Kaiser gekürt. Am selben Tag wählten die böhmischen Stände den Pfälzer zum König von Böhmen und besiegelten die Absetzung Ferdinands. Entgegen zahlreichen an ihn ergangenen Warnungen entschied sich Kurfürst Friedrich V. von der Pfalz im September 1619, dem »Willen des Allmächtigen nicht zu widerstreben« und im »Namen Gottes diese ordentliche Vocation« [Wahl] anzunehmen.[19]

Als Kurfürst von der Pfalz und als König von Böhmen vereinte Friedrich V. zwei Kurwürden in einer Hand, was den Protestanten im siebenköpfigen Kurkollegium eine weitere Stimme einbrachte. Eine derartige Machtverschiebung nahmen die Habsburger und die Katholiken im Reich nicht hin. Unter der Führung Kaiser Ferdinands II. und mit Hilfe des baierischen Herzogs Maximilian formierte sich die katholische Seite gegen den neuen böhmischen König Friedrich. Am 8. November 1620 kam es am Weißen Berg vor Prag zu einer kurzen, aber entscheidenden Schlacht. Das böhmische Heer wurde von der katholischen Liga unter General Tilly vernichtend geschlagen, und Friedrich V. floh mit seiner Familie ins Exil in die Niederlande. Über ihn wurde die Reichsacht verhängt.[20]

Der niedersächsisch-dänische Krieg

Christian (1599-1626)
Herzog zu Braunschweig-Wolfenbüttel,
Bischof von Halberstadt;
Ölbild um 1700

Niedersachsen blieb in den ersten Jahren von den Ereignissen des 30jährigen Krieges, die sich zunächst auf Böhmen und die Pfalz konzentrierten, verschont. In einem im Mai 1621 gefassten Beschluss hatte sich der Niedersächsische Kreis zur Neutralität bekannt. Der Kreis, so hieß es, wolle sich in nichts einmischen, wolle beiden Parteien den Durchzug von Truppen gestatten. Der Kaiser wurde ersucht, Milde walten zu lassen, dem Kurpfälzer Pardon zu erteilen, das Heer der katholischen Liga aufzulösen und eine dauerhafte Amnestie zu verkünden. Die Versuche der niedersächsischen Fürsten und Stände, Neutralität zu wahren, wurden jedoch durch Herzog Christian von Braunschweig-Wolfenbüttel, der zugleich Bischof von Halberstadt war, den sogenannten »tollen Halberstädter«, vereitelt. Er stand voll und ganz auf der Seite seiner Cousine, der Kurfürstin Elisabeth, der Frau des entthronten Königs von Böhmen. Christian hatte 1621, um dem bedrängten »Winterkönig« Friedrich von der Pfalz zu Hilfe zu kommen und die protestantische Sache zu retten, Söldner angeworben, um sich mit den pro-pfälzischen Truppen des Grafen von Mansfeld in Norddeutschland zu vereinen. Als Tilly 1623 mit seiner Armee an der niedersächsischen Grenze auftauchte, um Mansfeld, der sich mit seiner Armee in der Nähe der Weser einquartiert hatte, zu bekämpfen, mussten die niedersächsischen Stände voller Sorge Georg von Lüneburg, dem Oberst des Niedersächsischen Kreises, Rüstungsausgaben bewilligen, damit er selbst eine Armee aufstellen könne. Georg verlieh kriegserfahrenen Adligen ein entsprechendes Patent und gewährte einen finanziellen Vorschuss, der es den Offizieren ermöglichte, jeweils eine bestimmte Anzahl Männer zu rekrutieren. Doch zunächst kam es zu weiteren Neutralitätsversicherungen des Niedersächsischen Kreises, so dass Tilly sich darauf beschränkte, dem flüchtenden »tollen Halberstädter« nachzustellen und ihn schließlich bei Stadtlohn, westlich von Coesfeld, vernichtend zu schlagen. Damit war Niedersachsen aus der ersten Phase des langen Krieges, dem böhmisch-

Drei bedeutende Feldherrn im 30jährigen Krieg,
v.l.n.r.: Ernst von Mansfeld (1580-1626), Johann Tserclaes Graf von Tilly (1559-1632) und Albrecht von Wallenstein (1583-1634);
Kupferstiche aus dem 17. Jahrhundert

pfälzischen Krieg 1618 bis 1623, relativ ungeschoren herausgekommen, sieht man von einigen südniedersächsischen Dörfern um Göttingen ab, die Tilly in Brand hatte stecken lassen.[21]

Doch der große Krieg begann nun erst in aller Stärke. In Wien ließ Kaiser Ferdinand II. unter der Führung Wallensteins ein eigenes Heer aufstellen, um auf diese Weise nicht vollkommen von den Ligatruppen Tillys, des Generals des mächtigen Baiernherzogs Maximilian, abhängig zu sein. Maximilian befürchtete eine Parteinahme Dänemarks und der Niederlande auf Seiten der Protestanten und ließ Tilly 1624 mit dessen Truppen an der niedersächsischen Kreisgrenze lagern. Im Winter 1624/25 marschierte Tillys Armee entgegen den getroffenen Vereinbarungen in Niedersachsen ein. Die kaiserlichen Söldner mussten von den Bewohnern untergebracht und verpflegt werden, Greueltaten und Verwüstungen waren fortan an der Tagesordnung. In dieser Situation marschierte 1625 der dänische König

*König Christian IV. von Dänemark
(1577-1648);
Ölbild um 1640*

Christian IV. mit über 13.000 Landsknechten in den Niedersächsischen Reichskreis ein. Der so bedrängte Tilly erhielt nun durch Truppen des kaiserlichen Generals Wallenstein Verstärkung. Im kurmainzischen Duderstadt trafen sich die beiden Feldherren im Juni 1626, um sich über ein gemeinsames Vorgehen abzusprechen. Georg hatte zuvor seinem älteren Bruder, Herzog Christian in Celle, zu unbedingter Neutralität geraten. Beide fühlten sich wegen des kaiserlichen Schiedsspruchs in der Erbauseinandersetzung um das welfische Teilfürstentum Grubenhagen gegenüber Kaiser Ferdinand II. noch zu Dank verpflichtet. Als im Vertrag von Lauenburg der Niedersächsische Kreis die Wahl des Dänenkönigs Christian IV. zum Kreisobersten bekanntgab, überwarf sich Georg mit seinem dänischen Vetter und verweigerte ihm seine weitere Unterstützung. Bis zu diesem Zeitpunkt hatte Georg gemeinschaftlich mit dem König von Dänemark zur protestantischen Partei gehalten. Da dieser nun jedoch die Waffen gegen das Herzogtum ergriff, wechselte Georg in kaiserliche Dienste und veranlasste den Hof in Celle, um den Anschein zu erwecken, er sei neutral.

Nach Anfangserfolgen der Dänen erlitt Christian IV. in der Schlacht bei Lutter am Barenberge am 17. August 1626 gegen Tillys Truppen eine empfindliche Niederlage. Herzog Georg, der sich nicht an der Schlacht beteiligte und sich an diesem Tag in Wiesbaden aufgehalten hatte, überführte daraufhin seine Landsknechte in das Lager der katholischen Liga. Fortan kämpfte er erfolgreich gemeinsam mit Wallenstein und Tilly gegen die dänische Besatzung in Norddeutschland. Dennoch stellten ihn manche Historiker während der Schlacht bei Lutter am Barenberge an die Spitze der Reiterei Wallensteins. Dies hatte folgenden Grund: Der König von Dänemark und seine Armee wussten längst, dass der Kaiser dem Herzog von Lüneburg das Kommando über das Wallensteinsche Reiterkorps erteilt hatte. Daher glaubten sie, dass er tatsächlich an dessen Spitze focht. Und aufgrund des Hasses der Protestanten gegen Georg wegen seines Seitenwechsels machte man ihn propagandistisch für die dänische Niederlage verantwortlich – auch wenn er gar nicht an der Schlacht von Lutter beteiligt gewesen war.[22]

Nach langwierigen Friedensverhandlungen und Rückzugsgefechten wurde im Juni 1629 schließlich der Lübecker Friede geschlossen. In ihm verpflichteten sich die Dänen unter anderem, auf jegliche weitere Einmischung in die Politik des Heiligen Römischen Reichs Deutscher Nation zu verzichten. Im Niedersächsich-

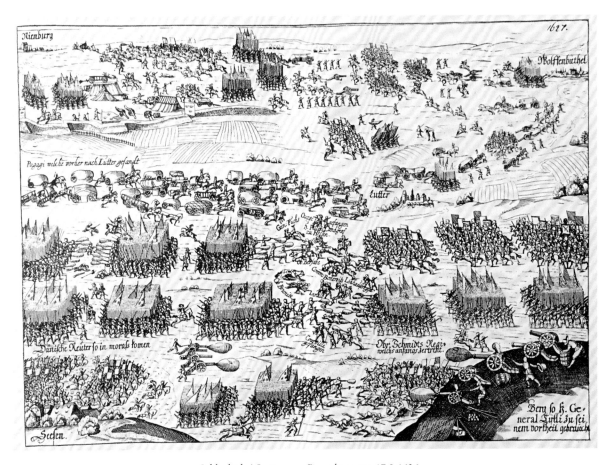

Schlacht bei Lutter am Barenberg am 17.8.1626
König Christian IV. von Dänemark führte 13.000 Landsknechte (links) in die Schlacht;
Holzschnitt aus dem 19. Jahrhundert nach einem zeitgenössischen Kupferstich

Dänischen Krieg war vor allem das Weser-Leine-Gebiet in Mitleidenschaft gezogen worden. Dabei hatten die langen Belagerungen und bisweilen mehrjährige Besetzungen von Northeim, (Hann.) Münden und Göttingen Georg die Grenzen seiner bisherigen vorsichtigen und neutralen Politik vor Augen geführt.

Der schwedische Krieg

Als der schwedische König Gustav Adolf 1630 an der Ostseeküste landete, hatte sich die Position des Kaisers bereits wieder erheblich verschlechtert. Nicht nur die protestantischen Fürsten, auch die katholischen Territorialherren wehrten sich gegen den Machtzuwachs der Zentralgewalt in Wien. Daher musste Kaiser Ferdinand II. einer Forderung der Reichsstände nachkommen und Wallenstein entlassen. Den Schweden wiederum kam ein förmliches Abkommen mit Frankreich zugute, das enorme Hilfsgelder vorsah, ohne die das nordische Land keine größeren militärischen Unternehmungen hätte durchführen können: denn Verbündete innerhalb des Reiches blieben zunächst aus. Erst mit der blutigen Eroberung Magdeburgs durch Tilly 1631 änderte sich die Lage. Nunmehr kämpften die Sachsen und die Brandenburger an der Seite Schwedens.

Georg (1582-1641)
Herzog zu Braunschweig-Lüneburg;
Lithografie aus dem 19. Jahrhundert

Der Niedersächsische Kreis stimmte einer Unterstützung der schwedischen Kriegführung zu, vor allem, als sich von Wien aus Gerüchte verbreiteten, wonach man dort den kaiserlichen Befehlshabern Tilly und Wallenstein große Teile des welfischen Herzogtums übereignen wolle. Das Kriegsvolk des Kreises sei dem König von Schweden zu verpflichten, dem die Leitung des Krieges überlassen wurde. Als Ziel galt die Wiederherstellung des Zustandes vor dem Böhmischen Krieg 1618. Nach der Befreiung des Kreises sei der König von Schweden weiter zu unterstützen, bis das Hauptkriegsziel erreicht sein werde.[23]

Georg von Lüneburg nutzte seine hervorragenden Verbindungen und warb – zunächst verdeckt und dann, nach den ersten Siegen Gustav Adolfs 1631, offen – in schwedischem Auftrag sechs Regimenter an und zog so das Land wieder in den Krieg hinein. Er war jedoch entschlossen, nur insoweit als schwedischer General zu handeln, wie die Interessen seines Hauses Braunschweig-Lüneburg nicht in einen Gegensatz zu denen des Kaisers gerieten.

Zeichnung aus dem Stammbuch
von Herzog Georg, um 1600

König Gustav Adolf von Schweden
(1594-1632);
Ölbild aus dem 17. Jahrhundert

Als Georg im Mai 1632 den Kriegsschauplatz in Norddeutschland wieder betrat, befand sich Niedersachsen noch in den Händen der Liga. Zwar war Tilly nahe Augsburg am Lech im Kampf gegen die Armee König Gustav Adolfs verwundet worden und einige Tage später in Ingolstadt verstorben, aber der kaiserliche Reitergeneral Graf Pappenheim hatte in Hameln an der Weser sein Hauptquartier aufgeschlagen. Georg von Lüneburg hatte seine sechs Regimenter im Norden des Fürstentums in Winsen an der Luhe zusammengezogen und plante von hier aus die Befreiung seiner Heimat.

Georg zog am 18. Mai von Winsen aus in Richtung Süden und schlug am 29. Mai in der Neustadt von Hannover sein Hauptquartier auf. Die starke Festung Hannover hatte sich bisher mit Erfolg jeglichen Truppenaufnahmen entziehen können. Doch Georgs Verhandlungsgeschick führte dazu, dass der Magistrat der Stadt Hannover einer Einquartierung von drei Kompanien zustimmte und dass Georgs Gemahlin, Anna Eleonore, die eigens von Schloss Herzberg am Harz aus die Strapazen einer Reise auf sich genommen hatte, innerhalb der Stadtmauern Zuflucht fand.

Durch seine Vorhut von den Bewegungen des Feindes unterrichtet, beschloss Georg, die Reiter des Grafen Pappenheim zu überfallen, die, durch die Leine im Rücken geschützt, keine Gefahr vermuteten. Diesen Fluss wollte Georg mit seinen beiden Reiterregimentern an einer seichten Stelle, die ihm ein Bauer aus Linderte bei Hannover »zu zeigen sich anheischig gemacht hatte«, in der Nacht mit 2000 gepanzerten Reitern durchqueren und dann sofort den Überfall ausführen. Gegen Abend brach er, geführt von dem Bauern, mit den beiden Regimentern auf und erreichte die seichte Stelle der Leine. Aber durch Regengüsse war der Fluss stark angeschwollen. Als erster warf sich Georg zu Pferde in den Fluss und erreichte glücklich das andere Ufer, woraufhin

Herzoglich braunschweig-lüneburgische Reiter,
Ausschnitt aus dem Leichenzug Herzog Georgs von 1643;
Kupferstich von Conrad Buno 1646

Schlacht bei Lützen 1632
In der rechten Bildmitte, neben den Windmühlen, steht Wallensteins Artillerie.
Am Ende der Schlacht explodieren mehrere Pulverwagen im Vordergrund.
Die schwedischen und die sächsischen Truppen stehen am oberen Bildrand.
Links oben ist König Gustav Adolf und rechts oben
ist Herzog Bernhard von Sachsen-Weimar dargestellt;
Kupferstich eines Flugblatts um 1632

beide Regimenter nacheinander den Fluss durchwateten. Der stürmische Angriff gegen die Einheiten Pappenheims gelang vollständig. Der Feind wurde zum großen Teil niedergemacht und in die Flucht geschlagen.[24]

Niedersachsen nahm damals eher die Rolle eines Nebenkriegsschauplatzes ein. Georg verwickelte die kaiserlichen Besatzer immer wieder in Kampfhandlungen und konnte eine Reihe von Orten befreien und den Gegner mehrmals empfindlich schlagen. Im Sommer 1632 gelang es Georg, den kaiserlichen General Pappenheim, der Hildesheim vergeblich belagert hatte, vorübergehend aus Niedersachsen zu verdrängen. Durch diesen Erfolg ermutigt, eroberte er im Juli 1632 das unter kaiserlicher Besatzung stehende kurmainzische Duderstadt. Allerdings scheiterten Versuche, nun auch das besetzte Wolfenbüttel zu befreien, zumal Pappenheim inzwischen mit einem größeren Heer bei Polle wieder die Weser überschritten hatte.[25]

Unter dem Eindruck der Niederlagen der katholischen Liga des Jahres 1631 und Tillys Tod 1632 bei Augsburg wurde Wallenstein von dem Kaiser in Wien gebeten, erneut den Oberbefehl über die kaiserliche Armee zu übernehmen. Wallensteins Ziel war es, Süddeutschland von den Schweden zu befreien und Gustav Adolf in Sachsen entscheidend zu schlagen. So kam es am 6. November 1632 bei Lützen nahe Leipzig zu einer Schlacht, in der sowohl Gustav Adolf als auch Pappenheim ihr Leben ließen. Der verwundete Wallenstein erteilte seiner Armee den Rückzugsbefehl. Er hatte nämlich am späten Nachmittag, als der Ausgang der Schlacht noch offen gewesen war, die Meldung erhalten, dass das Korps Georgs von Lüneburg und sächsische Truppen im Anmarsch seien. Im Nachhinein erwies sich Wallensteins Rückzugsbefehl als kluge Entscheidung, auch wenn damit der Sieg symbolisch den Schweden zufiel. Denn mit dem Tod Gustav Adolfs hatte der kaiserliche Generalissimus das Duell mit dem Schwedenkönig für sich entschieden und die Moral der protestantischen Truppen massiv geschwächt.[26]

Gustav Adolf war das Idol des Heeres gewesen, weit mehr noch als Tilly und Pappenheim bei ihren Truppen. Jetzt galt es zu klären, wer an die Stelle des Monarchen treten sollte. Die politische Leitung, das war klar, würde nun der schwedische Reichskanzler Axel Oxenstierna übernehmen. Die Heeresführung teilten sich später die von ihm eingesetzten Militärs, aber Oxenstierna blieb in Deutschland und in Schweden bis zum Ende des Krieges die politisch beherrschende Gestalt.[27]

Godefroy Henry Conte de Papenheim du Conseil Aulicqui de Sa Ma.té Imperiale son Marechal de Camp General &c.
D. Mrsarovie. sculp.

Reitergeneral
Graf Gottfried Heinrich
von Pappenheim (1594-1632);
Kupferstich aus dem 17. Jahrhundert

General von Schwedens Gnaden

Im folgenden Jahr erhielt Georg von Schwedens neuem Befehlshaber Oxenstriena den Auftrag, zusammen mit schwedischen Einheiten große Teile der feindlichen Truppen in Westfalen und in Niedersachsen zu binden. Bereits im Lauf des Jahres 1633 konnte er vier kaiserliche Regimenter überraschen und Soest, Essen und Lippstadt sowie kurze Zeit später auch Osnabrück, Haselünne, Meppen und Vechta entsetzen. Kaiserliche und Schweden eilten nun der Weser zu, um möglichst ungehindert die wenigen Übergänge nutzen zu können.[28] Beide Armeen trafen am 28. Juni 1633 in der Schlacht bei Hessisch-Oldendorf aufeinander. Dabei zeichnete sich Georg als Feldherr besonders aus.

Herzog Georg zu Braunschweig-Lüneburg, General des Niedersächsischen Reichskreises; Kupferstich aus dem 17. Jahrhundert

Bei Rinteln und Hameln an der Weser lieferten sich die Kontrahenten tagelang anhaltende Artillerieduelle. Das von kaiserlichen Truppen besetzte Hameln wurde im Frühjahr 1633 von schwedisch-niedersächsischen Einheiten eingeschlossen. Während am linken Ufer der Weser der schwedische Feldmarschall von Knyphausen stand, hatte am rechten Ufer Georg von Lüneburg Stellung bezogen. Allerdings mangelte es den Belagerern an schweren Geschützen, an Munition und Vorräten. Georgs Bruder in Celle und der Vetter in Wolfenbüttel, Herzog Friedrich Ulrich, weigerten sich zunächst hartnäckig, den niedersächsischen Feldherrn tatkräftig zu unterstützen. Der Wolfenbüttler untersagte seinen Offizieren sogar, Befehlen Georgs Folge zu leisten. Hintergrund war der Erbstreit zwischen den beiden welfischen Linien um das Fürstentum Grubenhagen 1617, in dem der Lüneburger Familienzweig durch einen kaiserlichen Schiedsspruch den Zuschlag erhalten hatte. Daher verzieh Friedrich Ulrich seinem Vetter Georg niemals den Verlust dieser kleinen Herrschaft am Harz. Es war wiederum Georgs Verhandlungsgeschick zu verdanken, dass Friedrich Ulrich seinem General von Uslar schließlich gestatten musste, unter die Befehle des Lüneburgers zu treten. Mit Hilfe hessischer Truppen unter dem Obersten von Holzapfel, genannt Melander, wurde die Belagerungsarmee zwar ver-

Graf Axel Oxenstriena (1583-1654)
schwedischer Reichskanzler und Oberbefehlshaber;
Kupferstich aus dem 17. Jahrhundert

stärkt, aber ihre Schlagkraft reichte für einen Sturm auf Hameln nicht aus. Selbst der Kanzler Oxenstierna riet dringlichst dazu, die Belagerung aufzugeben. Da erhielt Georg von Lüneburg am 22. Juni 1633 die überraschende Meldung, dass sich feindliche Truppen unter den Generalen von Merode und von Bönninghausen in Minden mit dem kaiserlichen General Graf von Cronsfeld vereinigen wollten, um gemeinsam Hameln zu entsetzen. Ausgestattet mit aller Befehlsgewalt, hob Georg die Belagerung von Hameln auf, ließ nur den General von Uslar zur Bewachung der Stadt zurück und zog der feindlichen Übermacht in Richtung Hessisch-Oldendorf entschlossen entgegen. Die kaiserliche Armee unter von Cronsfeld befand sich auf dem Vormarsch mit einer Stärke von 11.000 Mann Infanterie und 4.000 Mann Kavallerie.[29] Bei Hessisch-Oldendorf stellte Georg von Lüneburg seine Truppen zur Schlacht auf. Am linken Flügel standen die Hessen unter dem Befehl von Melander. Den rechten Flügel übernahm der schwedische Feldmarschall von Knyphausen, und im Zentrum befand sich Georg mit seinen braunschweig-lüneburgischen Truppen. Im Verlauf der Schlacht konnten sich von Knyphausen und Georg gegen die kaiserliche Kavallerie behaupten, so dass diese in ihrer Bedrängnis vom Schlachtfeld floh. Als am Nachmittag gegen 15 Uhr die kaiserliche Infanterie von allen Seiten umschlossen war, löste auch sie sich in Unordnung auf und suchte das Heil in der Flucht.[30]

Dieser glänzende Sieg bei Hessisch-Oldendorf – der Feind hatte über 6.000 Mann verloren, Georg mit seinen Verbündeten hingegen nur um die 200 Soldaten – veranlasste die kaiserliche Besatzung in Hameln zur Kapitulation.[31]

Im Jahr 1891 erschien ein dramatisches Gedicht in fünf Aufzügen, das Georgs Sieg bei Hessisch-Oldendorf verherrlichte: »Herzog Georg von Braunschweig-Lüneburg. Vaterländisches Zeitbild aus dem 30jährigen Kriege«. Das Stück, dessen Autor anonym blieb, sollte dazu dienen, in der nunmehr preußischen Provinz Hannover die Erinnerung an die im Jahr 1866 abgesetzte und jetzt im Exil lebende Welfendynastie wachzuhalten. Das Gedicht glorifiziert die Schlacht und charakterisiert die auftretenden Personen als willensstark und heldenmütig:

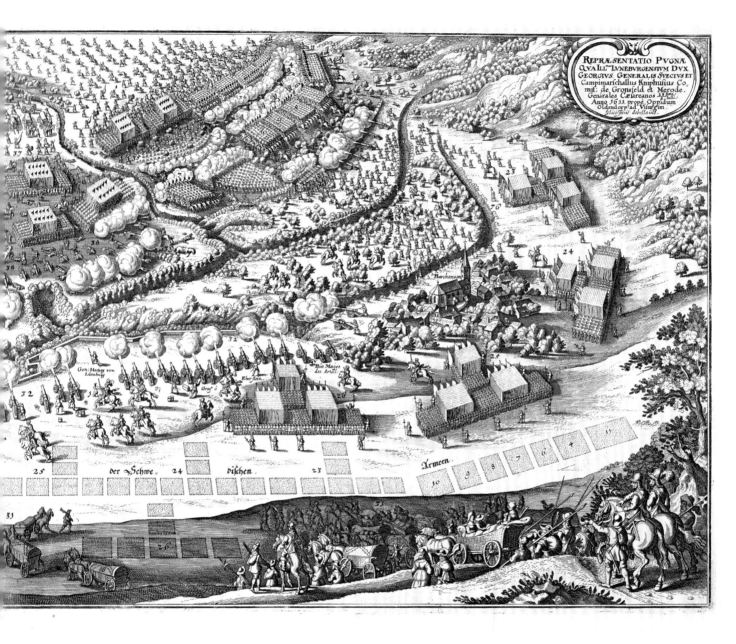

Schlacht bei Hessisch-Oldendorf 1633
Der Kupferstich in Merians Theatrum Europaeum zeigt den Augenblick der Schlacht,
wenn die kaiserliche Kavallerie am oberen Bildrand vom Schlachtfeld flieht.
Die kaiserliche Armee hatte eine Stärke von 15.000 Mann.
Die im Vordergrund stehenden schwedisch-welfischen Einheiten boten 14.000 Soldaten auf.
Herzog Georg ist in der Mitte vor der eigenen Artillerie dargestellt.
Kupferstich von Conrad Buno 1639

»[...] Aufzug II.
Zeit: Am Tage vor der Schlacht bei Hessisch-Oldendorf.
Ort: Feldlager vor Hameln. Zelt des Herzogs.

Personen des zweiten Aufzuges:
Herzog Georg von Braunschweig-Lüneburg.
(Derselbe erscheint anfangs ungerüstet).
Landgraf Wilhelm von Hessen-Cassel.
Dodo von Knyphausen, Feldmarschall der Schweden.
Stahlhansch, Schwedischer Reiter-Oberst.
Thilo von Uslar. General-Major der Wolfenbüttler Truppen.
Melander. Anführer der Hessen.
Curt Meyer. Rittmeister im Leibregiment des Herzogs.
Volger. Ordonnanz des Herzogs.
Erster, zweiter, dritter Reiter.
Erster, zweiter, dritter Musketier.
Schwedischer Reiter.
Ein Bauer.

Erste Szene.
Herzog Georg. Landgraf von Hessen.

Herzog:
Dank, daß Du kommst in diesen schweren Tagen!
Wie's um mich steht: Dir, Bruder darf ich's sagen!

Landgraf:
Ich stell' die Meinen unter Dein Gebot –
Denn Einigkeit thut uns im Kampfe Noth!
Peter von Holzapfel, ein tapferer Mann,
Genannt Melander, führt die Fähnlein an.

Herzog:
Der Wolfenbüttler ist uns auch gewogen!
Thilo von Uslar ist herangezogen
aus Göttingen mit seiner tapf'ren Schaar –
Knyphausen horcht mir ungern, offenbar,
Gebietet lieber selber einem Jeden!
Doch fügt er sich mit seinen stolzen Schweden!

Landgraf:
Georg, mein Freund! Du Führer auserkoren!
Welch' heller Stern blitzt' auf, da Du geboren!

Herzog:
Die Willenskraft! So heißt der klare Stern,
Der Wunder schafft! Ihm folgt die Menge gern –
Und eines Mannes Anseh'n reichet weit –
Ich lernte viel, in rauher Jugendzeit!

Landgraf:
Du hast in manchem harten Streit gestanden?

Herzog:
Ich ging zur Schule in den Niederlanden!
Begegnen lernt' ich freudig den Gefahren;
Und Kraft mit Gleichmuth, List mit Kühnheit paaren!

Landgraf:
Mit Glück und Ruhm hast Du gestritten dort!

Herzog:
Mein Bruder rief mich aus der Fremde fort –
Es mahnte mich das Schicksal an die Pflicht:
Der fremde Lorbeer frommt der Heimath nicht!

Salut-Kanone,
Braunschweig um 1650

Landgraf:
Dein Bruder, Herzog Ernst, kam früh zum Sterben?

Herzog:
Doch Eintracht herrschte unter seinen Erben! –
Der Herzog Christian sandte Boten schnelle,
Versammelte die Brüder all' in Celle;
Und da beschlossen sie, vereint zu leben!
Das Regiment dem Ältesten gegeben;
Sie hausen brüderlich im alten Schlosse –
An einem Hof – mit einem Tisch und Trosse!

Landgraf:
Dir ward zum Theil des Hauses Ruhm zu mehren!
Auf alten Stamm zu pfropfen junge Ehren!

Herzog:
Mein Haus zu gründen neu! Die zarten Blüten
Vor schlimmer Zeiten Nachtreif zu behüten!
Ein Bruder nur sollt' fürstlich sich vermählen –
Da wollt' das Loos den Jüngling gnädig wählen!
Ich durfte folgen meines Herzens Zug,
Das lange schon Anna Eleonores Bildnis trug!
Nie, nie vergeß ich jenen Schicksalstag!
Im hohen Saale man des Rathes pflag:
Fünf Silberkugeln wurden ausgewählt,
Nur eine güld'ne ward hinzugezählt –
Und in des Löwen-Ahnherrn Helmeszier,
Ein Erbstück stolzer Zeiten – griffen wir!
Mein Herz schlug hoch: der Würfel war gefallen!
Doch dämpfte ich der Freude Laut vor Allen,
Bis daß mir neidlos ward der Brüder Segen –
Und dankend zog ich auf des Glückes Wegen!

Rüstung,
Braunschweig um 1590

Rüstung,
Braunschweig um 1590

Landgraf:
In Ihrer Liebe ward Dir Lust beschieden?

Herzog:
Des Herzens Rast! Die einzige hienieden!
Und Knospen blühten lieblich uns empor:
Der alte Stamm in üppig-jungem Flor
Strebt hoher Zukunft ahnungsvoll entgegen –
Um seine Wiege glänzt's wie lichter Segen!

Zweite Szene: Die Vorigen. Volger.
Volger:
Die Munition von Höxter ist gekommen!
Sie haben einen Bauern mitgenommen,
Der Kundschaft von den Kaiserlichen hat!

Bauer:
Habt Gnade! Sehr erlauchter Kriegsrath!
Merode hat mit Cronsfeld sich vereint,
Um Hameln zu entsetzen, wie es scheint,
Mit manchen Fähnlein – manch einer Schwadron!
Vor Hessisch-Oldendorf gelagert schon.

Herzog:
So ist es recht! nun laßt ihn wohl traktiren –
Mit Bier und Wein im Lager regaliren!
Herzog (an Volger befehlend):
Zum Kriegsrath alle Herren Generäle!
Auch Meyer, von der Leibschwadron, befehle!

Landgraf:
Ich sende Dir Melander!

Herzog:
Soll mich freuen!
Willkommen heut' sein Rath und seine Treuen!

Dritte Szene. Herzog allein.
Herzog:
Ja, ich will Dich schirmen, Sachsenland!
Ob des Unheils Stürme uns umwehen,
Deine trotz'gen Söhne halten Stand,
Stark wie ihre Heimath-Eichen steh'n!
Uns'rer Haide wetterharte Eichen:
Ihnen sollen uns're Herzen gleichen!

Wenn des Winters Stürme sie umbrausen,
Dank des Sommers grüne Pracht ins Grab –
Starren sie getrost durch Nacht und Brausen
Auf die wechselvolle Zeit herab!
Ihre Wurzen schlummern tief und treu:
Frühlingsrauschen ruft die Pracht auf's Neu'!

Ihre Kronen werden herrlich ragen,
Lang, wenn dieses Schicksals Sturm vertost!
Ihre Wipfel flüstern alte Sagen,
Ihre Stämme streben, graubemost.
Wachse! Blühe! Du mein Sachsenland!
Halte fest, wie deine Eichen, Stand!

Sollen trübe Tage wiederkehren –
Zieh'n doch ohne Schaden drüber hin!
Thaten ja von jeher nur vermehren
Treue, in des Sachsenvolkes Sinn!
Sonne kehrt! Es steigt der Frühling nieder;
Und der Wald singt gold'ne Lenzeslieder!

Morgenstern,
Braunschweig um 1600

Vierte Szene. Herzog, Volger.
Volger (meldet):
Die Herr'n steh'n zum Befehl im Augenblick!

Herzog:
So waff'ne mich! Entgegen dem Geschick!

Schwede:
Der Schweden Feldherr!

Herzog:
Knyphausen, Geduld
Trägt heute Frucht! Der Himmel schenkt uns Huld!

Schwede:
Der Oberst Stahlhansch!

Herzog:
Tapf'rer Mann, willkommen!
Ein Tag der Ehren ist für euch entglommen!

Erster Reiter:
Melander

Herzog:
Gruß der alten Hessentreue!

Erster Reiter:
Thilo von Uslar!

Herzog:
Willkommen heut' aufs Neue!

Zeichnung aus dem Stammbuch
von Herzog Georg, um 1600

Herzog
(zu der Versammlung):
Mir ist soeben Kundschaft überbracht –
Wir steh'n ihr Herrn! Vor der Entscheidungsschlacht,
Die Niedersachsens Loos bestimmen mag,
Auf manches Jahr, durch einen muth'gen Schlag!
Uns gegenüber: Cronsfeld und Merode!
Laßt sie mit Flucht es zahlen und mit Tode!
Die Stellung habe ich lange schon gefunden,
Wo Sieg uns mag erblühen, oder Wunden!
Beim nahen Oldendorf, im Hessenland,
Da fassen wir dem Feind entgegen Stand;
Der Wolfenbüttler giebt auf Hameln Acht,
Daß nicht der Feind dort ausrückt über Nacht!
Am rechten Flügel thu' ich selber reiten,
Wo meine Braunschweig-Lüneburger streiten!
Inmitten soll'n die tapf'ren Hessen steh'n –
An linken Flügel vor die Schweden geh'n!
Curt Meyer hier, von meinem Regiment,
Um Segelhorst die Weg' und Stege kennt!

Meyer:
Rittmeister heut'! Doch ist's den Herr'n recht:
Hat einstmals dort gehaust als Schäferknecht!

Herzog (zu Knyphausen):
Er führt euch vorwärts auf geheimen Pfaden –
Dann stürmt ihr los! Dem Feind zum sich'ren Schaden!
Die Stunde naht! Bald ist der Sieg entschieden!
Seid ihr nun alle mit dem Plan zufrieden?

Alle (rufen):
Vivat Georg! Georg von Lüneburg

Zeichnung aus dem Stammbuch
von Herzog Georg, um 1600

Uslar:
Er bahnt es an und führt es herrlich durch!

Oberst Stahlhansch (tritt vor):
Ich stand dereinst auf Lützens blut'gem Feld –.
Und vor mir lag, erschossen, Schwedens Held!
Da hab' ich einen harten Schwur gethan –
Ihn zu erfüllen eil' ich heut' voran!
Mir nach, ihr Schweden, haltet das Versprechen!
Es gilt, des großen Königs Tod zu rächen!

Alle
(Schweden und Herzogliche, die Anführer, sowie der Herzog selber):
Gott mit Uns! [...]«[32]

Georgs Bruder, der regierende Herzog Christian in Celle, erlebte noch den triumphalen Sieg über das kaiserliche Heer. Doch bereits wenige Monate später, am 8. November 1633, schloss er für immer die Augen. Im Januar 1634 fand in Celle eine große Trauerfeier statt. Christians Nachfolger, Herzog August, übernahm die Regentschaft über das Fürstentum Lüneburg, das bisweilen noch unter der kaiserlich-katholischen Besatzung zu leiden hatte.

Bereits im April 1634 konnte in der Reiterschlacht bei Bevern ein weiterer feindlicher Übergang bei Höxter verhindert werden. Im Sommer wurden Peine und schließlich Hildesheim (19. Juli 1634) befreit, und in einem Gefecht bei Sarstedt wurde die kaiserliche Verstärkung aufgerieben. Georg, der Hildesheim als seine »Erbstadt« bezeichnete, nahm im Februar 1635 seine Residenz auf dem dortigen Domhof – im fürstbischöflichen Schloss.[33] Bereits am 20. November 1634 hatte er den Dom zur fürstlichen Schlosskirche erklärt und den evangelischen Kultus eingeführt.[34] Die erste lutherische Predigt hielt General-Superintendent Dr. Peter Tuckermann aus Wolfenbüttel.

Nach diesen Erfolgen – vorausgegangen waren neue Verhandlungen Oxenstiernas im Niedersächsischen Kreis – wurde Georg zum General der Niedersächsischen Kreisarmee gewählt, und der schwedische Rat Baner erhielt das Amt des

Feldmarschalls. Damit befehligte Georg die aus über 20.000 Soldaten bestehende schwedisch-deutsche Armee. Mit einer solchen Streitmacht gelang es ihm Ende des Jahres 1634, die gut befestigte Stadt Minden an der Weser einzunehmen. Georg befand sich nun auf dem Höhepunkt seiner militärischen Laufbahn. Den Schweden wurde er dadurch zunehmend suspekt. Rivalitäten mit ihren Generälen und der Argwohn des Kanzlers Oxenstierna, Georg könne mit seinen Truppen ins gegnerische Lager wechseln, führten dazu, dass Georg etliche Regimenter entzogen und schwedischem Kommando unterstellt wurden.[35]

Zu diesem denkbar ungünstigen Zeitpunkt starb am 11. August 1634 Herzog Friedrich Ulrich in Wolfenbüttel. Er galt als einer der unfähigsten und untauglichsten Regenten des Hauses Braunschweig. Unter seiner Herrschaft hatte das Fürstentum Braunschweig-Wolfenbüttel die größten territorialen Verluste zu verzeichnen gehabt. Zwischen 1616 und 1622 war ihm durch seine verwitwete Mutter und deren Bruder, König Christian IV. von Dänemark, vorübergehend die Regierung entzogen worden. Christian, Administrator des katholischen Bistums Halberstadt, der einzige Bruder Friedrich Ulrichs, bekannt als der »tolle Halberstädter«, versuchte vergeblich mit seinem militärischen Übermut die katholische Herrschaft der Habsburger in Norddeutschland zu brechen. Friedrich Ulrich war mit Anna Sophie, einer Tochter des Kurfürsten von Brandenburg, verheiratet gewesen. Diese unglückliche Ehe war ohne Nachkommen geblieben. Mit Herzog Friedrich Ulrich starb 1634 der welfische Familienzweig Braunschweig-Wolfenbüttel aus.[36]

Friedrich Ulrich (1591-1634)
Herzog von Braunschweig-Wolfenbüttel;
Ölbild um 1625

Über die von ihm hinterlassenen Fürstentümer Braunschweig-Wolfenbüttel und Calenberg-Göttingen entbrannte im Herzogtum ein Erbfolgestreit. Erbrechte konnte der Familienzweig Lüneburg mit seinen Nebenlinien Dannenberg und Harburg geltend machen. Die Harburger erklärten sich gegen eine Entschädigung zum Verzicht bereit. Von der Dannenberger Linie hatte August (1579-1666), genannt der Jüngere, seinem älteren Bruder Julius Ernst bereits sämtliche Rechte abgekauft, so dass außer ihm nur noch seine Lüneburger Vettern in Celle, der regierende Herzog August (1568-1636), dessen Bruder Friedrich (1574-1648) und eben unser Held Georg (1582-1641) Ansprüche auf die Nachfolge in Friedrich Ulrichs Territorien erheben konnten. Der gemeinsame Großvater der

Lüneburger und der Dannenberger Linie war Ernst der Bekenner. Dessen Sohn Heinrich (1533-1598) von Dannenberg hatte zwar seinem jüngeren Bruder Wilhelm (1535-1592) die Regierung in Celle überlassen, seine eigenen Erbrechte auf das Fürstentum Wolfenbüttel hatte er jedoch gewahrt. Auf diese Vereinbarung und aufgrund seiner Abstammung von Heinrich von Dannenberg stützte August der Jüngere seine Forderung, dass ihm das Erbe Friedrich Ulrichs zustehe. Die drei Lüneburger Brüder in Celle lehnten Augusts Plan jedoch ab und verlangten eine Erbteilung nach Köpfen. Mit einer solchen Teilung wäre aber gegen gültige Familienverträge verstoßen worden. Der Streit der welfischen Vettern wurde in der Öffentlichkeit ausgetragen. Erst unter Druck von außen – Kaiser Ferdinand II. drohte, die Fürstentümer als Reichslehen einzuziehen – kam es zu einem Vergleich. Um einem solchen Schritt des Kaisers zuvorzukommen, einigten sich die Vettern im Vertrag von Meinersen am 5.9.1634 zunächst auf eine gemeinsame Besitzergreifung und regelten anschließend die Einzelfragen.[37] August der Jüngere erhielt das Fürstentum Braunschweig-Wolfenbüttel zugeteilt, während das Fürstentum Calenberg-Göttingen davon losgelöst wurde und an Herzog August von Lüneburg in Celle fiel.[38] (Vgl. dazu die Stammtafel zum Erbstreit des Hauses Lüneburg von 1634 am Ende des Buches.)

Herzog August der Jüngere
(1579-1666)
von Braunschweig Wolfenbüttel;
Ölbild um 1650

Herzog Heinrich von Dannenberg (1533-1598)
mit Ursula von Sachsen, die Eltern von August dem Jüngeren.
Heinrich trat 1569 von der Regierung in Celle zurück und sein
Bruder Wilhelm der Jüngere übernahm alleine die Regentschaft;
kolorierter Holzschnitt aus dem Welfenstammbaum
von Georg Scharffenberg, um 1590

Herzog von Calenberg

Die Erbteilung innerhalb des Hauses Lüneburg von 1634 sollte die Voraussetzung für den Aufstieg Georgs zum regierenden Herzog von Calenberg bilden. Doch zunächst versuchte er, wie bereits in den Jahren zuvor, als Feldherr eine eigenständige Politik zu betreiben und sich weder von dem Kaiser noch von einzelnen Verbündeten abhängig zu machen. Nachdem die Schweden im Herbst 1634 bei Nördlingen eine schwere Niederlage erlitten hatten, entzog sich Georg geschickt ihren Diensten, zumal er sich inzwischen mit dem schwedischen Kanzler Axel Oxenstierna überworfen hatte. Vor diesem Hintergrund trat Georg 1635 dem Prager Frieden bei, den Kursachsen mit dem Kaiser geschlossen hatte. In diesem Frieden war Ferdinand II. dem protestantischen Lager weit entgegengekommen, indem er das Restitutionsedikt für 40 Jahre außer Kraft setzte. Daher hatte Georg nicht mehr einen Verlust des Stifts Hildesheim zu befürchten. Georg versuchte, eine Neutralitätspolitik einzuleiten, die er mit der Aufstellung einer eigenen Truppe unterstrich. Das Problem bestand darin, dass ein offener Krieg mit den Schweden verhindert werden sollte. Zu denjenigen Punkten des Prager Friedens, die die Stände des Niedersächsischen Reichskreises geklärt wissen wollten, gehörte ein Friedensschluss mit Schweden. Denn die Stände befürchteten ein schreckliches Blutvergießen, sollten die Schweden mit Waffengewalt aus Norddeutschland vertrieben werden. Die Kreisstände versuchten deshalb, Schweden durch einen Vertrag in den Prager Frieden einzubeziehen.[39]

In dieser Phase der Unsicherheit und des politischen Lavierens beschlossen die Lüneburger Brüder August und Friedrich in Celle am 27. Januar 1636, Georg für dessen Verdienste als Feldherr das Fürstentum Calenberg-Göttingen zu übertragen. Dies sollte die letzte große Erbteilung im Herzogtum Braunschweig-Lüneburg sein. Um auf Forderungen der Landstände einzugehen, verfügte Georg in seinem Testament, dass die beiden Fürstentümer Lüneburg und Calenberg-Göttingen niemals vereinigt werden dürften, solange jeweils zwei legitime männliche Erben vorhanden sein sollten. Da er selber vier Söhne hatte, schien eine solche Vereinigung auch in weite Ferne gerückt zu sein.[40]

Rüstung,
Braunschweig um 1620

Georg von Calenberg (1582-1641)
Herzog zu Braunschweig-Lüneburg
mit Feldherrnbinde und Feldherrnstab;
Ölbild um 1640

Sogleich nach seinem Regierungsantritt als neuer Herzog in Calenberg beschloss Georg, seine größte Stadt, die bisher nicht eingenommene Festung Hannover, zu seiner Residenzstadt zu machen. Die hannoverschen Bürger und der Rat waren anfangs nicht erfreut darüber, den Hof und die Verwaltung ihres neuen Landesherrn in den Stadtmauern zu wissen, da dies ihre städtischen Rechte und politischen Freiheiten in Gefahr bringe. Die Umstände des Krieges, Georgs starke Armee und sein Verhandlungsgeschick räumten aber alle Hindernisse aus dem Weg. Nunmehr begann Georg damit, allmählich die Regierungsbehörden, wie Kanzlei und Konsistorium, von Hildesheim nach Hannover zu verlegen. In der Zeit von 1636 bis 1640 wurde das ehemalige Minoritenkloster an der Leine im Auftrag Herzog Georgs zu einem Residenzschloss umgebaut.[41]

Wie das neue Schloss nach dem Umbau ausgesehen hat, ist heute nicht mehr genau bekannt. Georg wird vermutlich die Leinefront westwärts bis zum Leinetor verlängert haben, so wie es auf einem Stich von Conrad Buno aus dem Jahr 1654 zu sehen ist. Belegt ist hingegen, dass der Bauherr Georg zusammen mit einem Gast,

Hannover nach einem Kupferstich von C. Buno von 1654; Holzschnitt aus dem 19. Jahrhundert

56

Karte der Großvogtei Celle des Fürstentums Lüneburg (Ausschnitt). Der linke untere Rand zeigt Teile des Fürstentums Calenberg-Göttingen mit Georgs neuer Residenzstadt Hannover; Zeichnung von 1660 im Göttinger Johann Mellinger-Atlas

Das Ambt
Zell.
Schwarmsted.
Grindow
Zum Hope
Linwedel.
Oldow
Hamburen
Bujen
Zum Vorwerk
G. Helen
Kl. Helen
Overling
Jarnsen
Lutter
Scheferey
ZELL
Aller fl.
Wester Zell
Olden Zell.
Osterlo
Burg
Windusen
Flakendorf
Ostensen
Kl. Burgwedel
Wetmer
Engesen
Oldorf
Burgwedel.
Ramling
Schilderlage
Awe fl.
Kolde Moßr
Tönsen
Farster
Nienwarnbuken
Kerker
Ilenhagen
Nidernhäger
Stelle
Burgtorff
Horst
Hesleb
Arpke
Oldenwarnbüßen
Roddensen
Steinwedel
Immensen
Scheferey
Hannover
Anderte
Ahlten
Ilten
Leerte
Siversh[...]sen
Billen
Dörn
Walfelde
Sehnde
Dollingen
Retmar
Hemer
Koldingen
Peina
Hohen Hameln
Sarstede
Fuse fl.
Heninsen
Wetmer
Muden
Langelo
Fletmer
Honenpostel
Wiedenrode
Dikhorst
Ummern
Eikenhof
Hohn
Helmer Camp
Watling
Brökel
Sandlingen

Georg von Calenberg (1582-1641)
Herzog zu Braunschweig-Lüneburg
umgeben von den Wappen seines Fürstentums;
Kupferstich von Wilhelm Schwan von 1641

dem Herzog von Longueville, im Dezember 1640 fünf Nächte in der neuen Residenz in Hannover verbrachte, bevor er wieder in Hildesheim Quartier nahm.[42]

Im Oktober 1636 übernahm Georgs Bruder Friedrich in Celle die Regierung des Fürstentums Lüneburg, nachdem Herzog August im Alter von 67 Jahren verstorben war. Der Tod Kaiser Ferdinands II. im Januar 1637 führte erneut zu Spannungen zwischen Wien und Herzog Georg. Der neue Kaiser, Ferdinand III., bestätigte zwar den Augsburger Religionsfrieden von 1555, aber der zunehmende kaiserliche Druck, entgegen den Vereinbarungen des Prager Friedens das Stift Hildesheim nun doch zu restituieren, sowie die günstige militärische Lage der Schweden ließen Georg 1639 ein erneutes Umschwenken auf die schwedische Seite als angebracht erscheinen.

Als sich der Krieg wieder in Richtung Niedersachsen verschob und die von kaiserlichen Truppen besetzte Stadt Wolfenbüttel auszubluten drohte, schrieb Georg an seinen Vetter Herzog August den Jüngeren nach Braunschweig: »Bei dieser äußersten Gefahr, die unserer Religion und unseren Staaten droht, habe ich den Entschluß gefasst, lieber zu sterben, als mich unter die Füße treten zu lassen, die Beispiele liegen vor Augen.«[43] Die Folgen des Krieges waren in der Tat unübersehbar. Wenngleich eher der Nordosten des Reiches, also Magdeburg, Brandenburg, Mecklenburg und Pommern, sowie der Südwesten, also die Pfalz, Schwaben und das Elsass zu den am schwersten betroffenen Gebieten zählten, so waren doch auch im niedersächsischen Raum je nach Region der Verlust an Menschenleben und der materielle Schaden beträchtlich. Da einzelne Gebiete überhaupt nicht vom Krieg erfasst wurden, andere dafür um so mehr, schwanken die Bevölkerungsverluste zwischen wenigen Prozenten bis zu einem Drittel. Zu beachten ist, dass viele Todesfälle durch Seuchen verursacht wurden, also nur mittelbar mit dem Krieg zusammenhingen.[44]

Der Wunsch, das Militär zukünftig stärker an das Fürstenhaus bzw. an das Land zu binden, trug maßgeblich zu einer Verdichtung der Militärorganisation und des Staatsaufbaus bei. Herzog Georg schwebte ein neuer Soldatentyp vor: Aus dem Landsknecht, dem Söldner, sollte ein Soldat werden, der stets einer wirksamen Kontrolle unterworfen war. Aus der anfänglich rein privatrechtlichen und, wie sich gezeigt hatte, unsicheren und lockeren Beziehung zwischen Fürst und Söldner wurde allmählich eine halbstaatsrechtliche Verpflichtung. »Treue« und »Diensteid« der Soldaten als Untertanen standen der Fürsorgepflicht des Fürsten als Landesherrn gegenüber. Aus dem Söldner wurde der Soldat, aus dem Landsknechtshaufen das »stehengebliebene«, das Stehende Heer, die »Armatur«.[45] Die Stütze der von den Welfen immer wieder angestrebten Neutralitätspolitik bildeten die seit 1636 gemeinsam unterhaltenen Truppen, die »Armatur«, über die Herzog Georg den Oberbefehl innehatte. Dies führte allerdings bisweilen zu Streitigkeiten mit Herzog August dem Jüngeren von Wolfenbüttel, die in Verträgen beigelegt werden mussten. Dabei ging es einmal um von Herzog August aus Braunschweig gelieferte Pferde, »die für die Artillerie untauglich seien ...«[46]

*Kaiser Ferdinand III.
(1608-1657)
Kupferstich um 1640*

*Herzoglich braunschweig-
lüneburgische Artillerie,
Ausschnitt aus dem Leichenzug
Herzog Georgs von 1643;
Kupferstich von
Conrad Buno 1646*

Im April 1640 wurde zwischen den drei welfischen Herzögen Georg von Calenberg, Friedrich von Lüneburg aus Celle und August dem Jüngeren von Wolfenbüttel ein Vertrag über den engsten »Zusammenschluss zur Verteidigung des Landes und zur Befreiung der Festung Wolfenbüttel« abgeschlossen. Nun sah Georg die Zeit gekommen, gemeinsam mit hessischen und schwedischen Truppen unter ihrem Feldmarschall Baner und mit dem in französischem Sold stehenden Herzog von Longueville die Kaiserlichen endgültig zu schlagen. Um den Feldzug genau zu planen, lud Georg die verbündeten Heerführer im Oktober 1640 zu einer Beratung nach Hildesheim ein. Man traf sich am 30. Oktober in der Hildesheimer Domschenke.[47] Das Ergebnis der Beratungen ist nicht bekannt gegeben worden. Unmittelbar nach einem Festmahl, dass die Versammlung abgeschlossen hatte, starben Christian von Hessen und Otto von Schaumburg. Ein französischer Mönch wurde verdächtigt, den Wein vergiftet zu haben. Aber bis heute konnten keinerlei Beweise für eine tatsächliche Vergiftung gefunden werden. Herzog Georg, der ebenso wie der schwedische Feldmarschall Baner erkrankte, verstarb am 2. April 1641 in seiner fürstlichen Kanzlei in Hildesheim.[48] Kurz darauf wurde auch Baner vom Tod ereilt.[49]

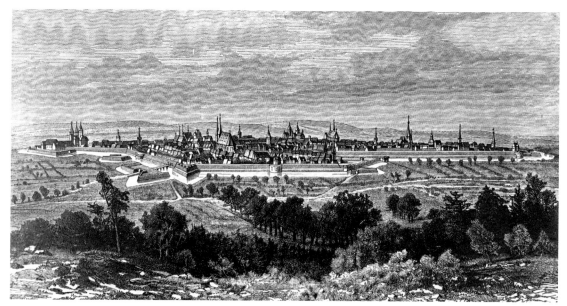

Hildesheim nach einem Kupferstich von Merian um 1654; Holzschnitt aus dem 19. Jahrhundert

Georg hatte bereits Wochen zuvor gekränkelt. Sein Körper, der ununterbrochen den Strapazen des Krieges und deftigen Mahlzeiten bei seinen Soldaten im Feld ausgesetzt gewesen war, war angeschlagen und aufgedunsen. So überraschte es nicht, dass Georg von Calenberg im Alter von 59 Jahren aus dem Leben schied.

Der fürstliche Buchdrucker und Formschneider Elias Holwein vermeldete sogleich Georgs Ableben. Er gab 1641 in Celle u.a. ein Flugblatt heraus, das eine Darstellung des aufgebahrten Herzogs zeigt und auf dem ein Trauergedicht in deutscher und in lateinischer Sprache zu lesen war. Dieser Einblattdruck zeugt davon, welch große Bedeutung Georg zugemessen wurde.

Blatt über das Ableben von Herzog Georg; Holzschnitt von Elias Holwein, Celle 1641

Trauergedicht in Deutsch:
»Begrüsset seystu Vater mild /
Des Vaterlands in diesem Bild.
Hertzog Georg du klarer Stern /
Der hell scheint untr den Fürsten fern /
Auff derer Helm das Weisse Pferd
Herfür leucht / und sind hochgeehrt.
Selten wird fundn ein solcher Held /
Der dir dich gleichet in dem Feld:
Dein Edles Lebn in Gfahr hast gsetzt /
Und wider die Feind das Schwerdt gewetzt;
Daß Vaterland / und göttlich Wort
Zu schützen / auch an denen Ort /
Da Inster und Wessr am breiten Sohm / [Da Innerste und Weser am breiten Ufer]
Daß Land befeuchtn mit ihrem Strom.
Dafür wir dir sagn billich Danck /
Und gebn dir Preiß unser lebenlang.
O thewrer Fürst hoch liebt dich GOtt /
In dem du frey für Gfahr und Noth /
Versamlet bist zu den Vorfahrn /
Und lebst jetzt untr den Himmels Scharn /
Da nach der Arbeit /
Krieg und Streit /
Du triumphirst in Ewigkeit.
O sey gegrüst LandsVater werth /
Dein Lob und Preiß bleibt auff der Erd /
Solang die Stern und Sonne klar /
Gehn auff und nieder immerdar.«[50]

Herzog August der Jüngere (1579-1666)
von Braunschweig-Wolfenbüttel;
Ölbild um 1660

Für die welfischen Fürstentümer, vor allem für Calenberg-Göttingen, führte Georgs Tod zu einem politischen Verhängnis. Denn mit ihm verloren die welfischen Lande »ihren einzigen Regenten von überdurchschnittlichem militärischen und politischen Format, der es vermocht hatte, die divergierenden Bestrebungen des braunschweigisch-lüneburgischen Hauses wenigstens für einige Jahre zu einer einheitlichen, alle Linien des Welfenhauses umfassenden braunschweigischen Gesamtpolitik zu vereinigen.«[51]

Herzog August der Jüngere von Braunschweig-Wolfenbüttel, der das von kaiserlichen Truppen besetzte Wolfenbüttel in seinen Besitz zurückbekommen wollte, bemühte sich als erster um eine Aussöhnung mit dem Kaiser und war zu seperaten Friedensverhandlungen bereit.

Augusts Vetter in Celle, Herzog Friedrich, und Georgs Sohn in Hannover, der junge Herzog Christian Ludwig, betrachteten Augusts Aktivitäten mit größter Skepsis, da ihrer Meinung nach nur gemeinsam geführte Friedensverhandlungen unter Einschluss Schwedens und Frankreichs zu einem Erfolg führen konnten. Da sich aber die Lüneburger Herzöge nicht auf Schwedens Unterstützung verlassen konnten, stimmten beide schließlich Friedensverhandlungen mit dem Kaiser in Goslar 1641 zu. Nach Überwindung vieler Schwierigkeiten wurde am 16.1.1642 der Goslarer Akkord geschlossen, der am 19. April 1642 in Braunschweig bestätigt wurde. Der Friedensvertrag legte unter anderem fest, dass die Herzöge künftig auf Allianzen mit Reichsfeinden wie Schweden und Frankreich zu verzichten hätten. Ferner wurden folgende Punkte geregelt: Abdankung aller Truppen die nicht zur Verteidigung der Landesfestungen benötigt wurden; Rückgabe Wolfenbüttels an Herzog August den Jüngeren, der damit seine eigenen politischen Ziele erreicht hatte. Rückgabe des kleinen Hildesheimer Stifts und sofortige Aufnahme von Verhandlungen über den Status des Großen Stifts. Das Große Stift Hildesheim war infolge der sogenannten Hildesheimer Stiftsfehde 1519 bis 1523 an die Herzogtümer Calenberg und Wolfenbüttel gefallen, während dem Bischof von Hildesheim nur das sogenannte Kleine Stift mit den Städten Hildesheim und Peine sowie 90 Ortschaften verblieb. Obwohl das Reichskammergericht 1629 die Rückgabe des Großen Stiftes an den Bischof verlangt hatte, besetzten die welfischen Herzöge in den nächsten Jahren auch das Kleine Stift mit der Hauptstadt Hildesheim. Am 21.2.1642 begannen die Verhandlungen über das Große Stift und am 17. April 1643 konn-

Herzog Christian Ludwig vor der Stadt Hannover war zum Zeitpunkt des Todes seines Vaters erst 19 Jahre alt; Kupferstich von Conrad Buno, um 1645

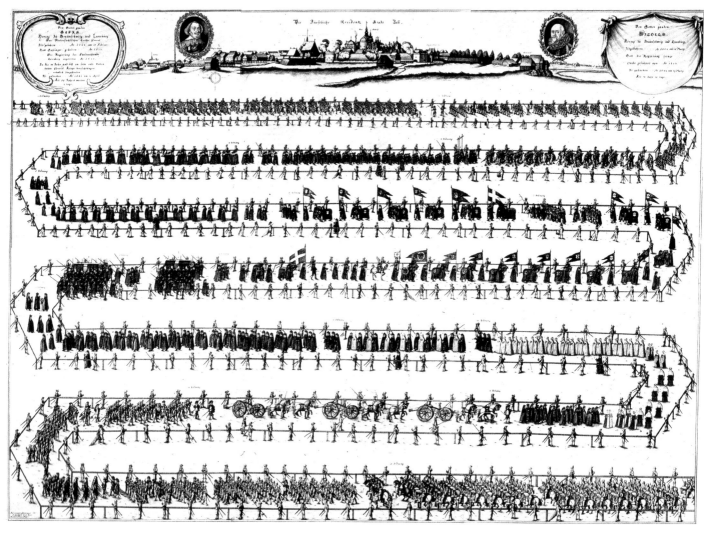

Leichenzug für zwei Herzöge zu Braunschweig-Lüneburg, Georg von Calenberg und Wilhelm von Harburg, in Celle 1643.
Wegen der Fortdauer des 30jährigen Krieges fand das Doppelbegräbnis erst 1643 statt. Dem Herzog Georg schenkte man bei dieser Beisetzung mehr
Aufmerksamkeit; er war die überragende Persönlichkeit, derer man gedenken wollte. Die beiden Särge (Mitte links, Georgs Sarg folgt an zweiter
Stelle) werden begleitet von trauernden Verwandten, Räten und Bürgern sowie von welfischen Truppen zu Fuß und zu Pferde.
Der Leichenzug mit mehr als 1100 Personen führte vom Celler Schloss zur Stadtkirche. Soldaten säumten den Weg.
Dieser gedruckte Leichenzug diente der welfischen Selbstdarstellung; Kupferstich auf sechs Blättern von Conrad Buno, fertiggestellt 1646

te eine Einigung erzielt werden: Dem Hildesheimer Bischof wurde der größte Teil des Großen Stiftes restituiert. Er musste den evangelischen Bewohnern für 40 Jahre und dem Adel für 70 Jahre die freie Religionsausübung zusichern.

Doch die Abdankung der Truppen und die damit verbundene Aufgabe der »Armatur« sollte sich als verhängnisvoll erweisen, denn dadurch wurde die Stellung des welfischen Gesamthauses bei den Westfälischen Friedensverhandlungen entscheidend geschwächt.[52]

Sogleich nach Georgs Tod wurde dessen Beisetzung in Celle geplant, ein Datum schon auf den 25. Juni 1641 festgelegt. Wegen der unruhigen Zeit wurden die Vorbereitungen jedoch abgebrochen. Man glaubte, dass die Teilnehmer kaum nach Celle würden anreisen können. Bald mahnte aber die Herzogin-Witwe Anna Eleonore aus Hildesheim, wo der Leichnam des Herzogs verblieben war, die Beisetzung an. Unterdessen starb in Harburg am 30. März 1642 Herzog Wilhelm, der testamentarisch seine Beisetzung in Celle festgelegt hatte. Der Frieden von Goslar 1642 ermöglichte sodann die Durchführung eines Doppelbegräbnisses. Herzog Christian Ludwig ordnete an, dass die fürstlichen Leichen am 16. Mai 1643 »in ihr ewig Ruhecammerlein zu begleiten und beizusetzen« seien. Einladungen ergingen an die verwandten Höfe, der Adel des Landes wurde zur Teilnahme beordert. Beide Särge wurden in der Gruft der Stadtkirche zu Celle beigesetzt.[53]

Georgs Frau, Anna Eleonore, bezog 1645 Schloss Herzberg am Harz als Witwensitz. Hier hatte sie bereits alle ihre acht Kinder zur Welt gebracht.[54] Die Witwe ließ das Schloss aufwendig renovieren und umbauen. Herzog Christian Ludwig schenkte seiner Mutter zur Ausstattung ihrer neuen Räume großformatige Ölgemälde mit Jagddarstellungen, die sogenannte »Herzberger Jagdtapete«. Die Tapete steht in der Nachfolge von flämischen Jagdteppichserien, wie sie seit dem 15. Jahrhundert gewebt wurden. Heute kann die Jagdtapete im Fürstenhaus in Hannover-Herrenhausen bewundert werden. Anna Eleonore verstarb am 6. Mai 1659 im Schloss Herzberg. In ihren letzten Lebensjahren hatte sie unter Schwäche und Gebrechlichkeit gelitten. Ihr Hofmeister, Fritz von Cramm, schrieb an ihren Sohn, Christian Ludwig nach Celle, sie hänge »den melancholischen Gedancken« nach. Ihr Sarg wurde an der Seite ihres Mannes in der Gruft der Stadtkirche zu Celle beigesetzt.[55]

Schloss Herzberg am Harz, Witwensitz der Herzogin Anna Eleonore von 1645-1659; Ölbild aus dem 19. Jahrhundert

Ausblick

Bei seinem Tod hinterließ Herzog Georg vier erbberechtigte Söhne sowie die Tochter Sophie Amalie. Diese heiratete 1643 den späteren – seit 1648 – dänischen König Friedrich III. und hatte maßgeblichen Anteil an der Einführung der absoluten Monarchie in Dänemark. Sophie Amalie starb im Jahr 1685. Georgs ältester Sohn Christian Ludwig trat zunächst die Nachfolge im Fürstentum Calenberg-Göttingen an. Als 1648 sein Onkel Herzog Friedrich von Lüneburg in Celle gestorben war, übernahm er dort die Regierung. Das Fürstentum Calenberg-Göttingen fiel an seinen jüngeren Bruder Georg Wilhelm. Dieser regierte von 1648 bis 1665 in Hannover. Nach dem Tod Christian Ludwigs übernahm Georg Wilhelm dessen Herrschaft und residierte bis zu seinem Tod 1705 in Celle. Er baute Celle zu einer barocken Residenzstadt aus. In Calenberg-Göttingen folgte ihm sein jüngerer Bruder Johann Friedrich, der zum Katholizismus konvertiert war. Nach Johann Friedrichs Tod 1679 gelangte der jüngste der vier Brüder, Ernst August, zur Regierung. Er entwickelte sich zu einer ungewöhnlich aktiven und politisch agilen Persönlichkeit und sollte sich als der tatkräftigste und wirkungsmächtigste aller Söhne Herzog Georgs erweisen. Mit großer Beharrlichkeit und Entschlossenheit verfolgte er ein Ziel: die Erlangung der Kurwürde. Um dieses Ziel zu erreichen, unternahm er verschiedene Schritte: Durch die Vermählung seines ältesten Sohnes Georg Ludwig mit der Celler Prinzessin Sophie

Dorothea und die damit gesicherte Vereinigung der beiden Fürstentümer Calenberg-Göttingen und Lüneburg schuf er eine größere territoriale Basis. Zur Sicherung der Einheit seines Landes setzte Ernst August die Primogenitur – die ausschließliche Nachfolge des Erstgeborenen – durch. Diese galt seit 1356 im Heiligen Römischen Reich Deutscher Nation als Voraussetzung zur Erlangung der Kurwürde. Daher legte Ernst August in seinem Testament vom 31. Oktober 1682 die Unteilbarkeit seiner Lande sowie die Nachfolge seines ältesten Sohnes Georg Ludwig fest. Ferner bewies er ein verstärktes militärisches Engagement für Kaiser und Reich. Der Lohn für seine vielfältigen Bemühungen war dann schließlich die Verleihung der neunten Kurwürde an Hannover am 19. Dezember 1692. Durch Ernst Augusts Ehe mit Sophie von der Pfalz, der Tochter des Kurfürsten Friedrich V., und Enkelin des englischen Königs James I., sicherte der 1698 verstorbene Kurfürst Ernst August dem Haus Hannover den Anspruch auf den britischen Thron. Sein Sohn Georg Ludwig sollte 1714 als Georg I. König von Großbritannien werden. Damit begann die Personalunion zwischen Großbritannien und Hannover, die bis 1837 fortbestehen sollte. Auf dem Wiener Kongress (1814/15) wurde Hannover zum Königreich erhoben und erlangte einen Gebietszuwachs. Das Königreich Hannover bildete die »Keimzelle« des 1946 gegründeten Landes Niedersachsen.

Zeittafel

1582

Georgs Geburt

1591

Georg studiert in Jena

1610

Erbvertrag im Fürstentum Lüneburg:
Das Fürstentum soll in Zukunft ungeteilt vererbt werden.

1612

Der Losentscheid:
Nur Georg darf für den Fortbestand der Dynastie sorgen.

1617

Georg heiratet Anna Eleonore Prinzessin von Hessen-Darmstadt.
Das Paar bezieht Schloss Herzberg am Harz.
Anna Eleonore bringt in Herzberg acht Kinder zur Welt,
wovon vier Söhne und eine Tochter das Erwachsenenalter erreichen.

1618

Ausbruch des 30jährigen Krieges:
Georg wird General des Niedersächsischen Reichskreises

1623

Christian von Halberstadt (»der tolle Halberstädter«)
wird von Tilly bei Stadtlohn besiegt.

1625

Wallenstein wird kaiserlicher Oberfeldherr.

1626

Schlacht bei Lutter am Barenberge:
König Christian IV. von Dänemark unterliegt Tillys Heer.

1629

Friede von Lübeck:
Dänemark darf sich nicht mehr in die Angelegenheiten
des »Heiligen Römischen Reichs Deutscher Nation« einmischen.

1630

König Gustav Adolf von Schweden landet in Pommern
und erhält Subsidienzahlungen von Frankreich.

1632

König Gustav Adolf von Schweden fällt bei Lützen.

1633

Schlacht bei Hessisch-Oldendorf:
Sieg Herzog Georgs gegen eine kaiserliche Armee.

1634

Ermordung Wallensteins

1634

Herzog Friedrich Ulrich von Braunschweig-Wolfenbüttel
stirbt ohne Nachkommen:
Erbstreit im Hause Lüneburg.

1635

Herzog August der Jüngere (1579-1666) erbt Braunschweig-Wolfenbüttel.
Herzog August (1568-1626) aus Celle erbt Calenberg-Göttingen.

1635

Friede von Prag zwischen Kaiser Ferdinand II.
und Kursachsen, dem sich Georg anschließt.

1636

Georg erhält von seinem Bruder Herzog August aus Celle
das Fürstentum Calenberg-Göttingen.

1636
Herzog Georg macht Hannover zu seiner Residenzstadt.

1637
Ferdinand III. wird Kaiser:
Der Frieden von Prag wird von Ferdinand III.
zum Teil nicht anerkannt.

1639
Georg wechselt in das schwedische Lager.

1641
Georg stirbt

1648
Westfälischer Frieden

Anmerkungen

1 D. Brosius 1991, S. 8

2 Friedrich von der Decken 1833, I S. 6

3 D. Brosius 1991, S. 12

4 D. Brosius 1991, S. 18-20

5 Die 25jährige Witwenzeit von Dorothea in Winsen an der Luhe vgl.: Brosius 1991

6 K. Janicke, ADB 8, (1878), S. 629-634

7 D. Brosius 1991, S. 34

8 P. Kuhlbrodt 2009, S. 190

9 Friedrich von der Decken 1840, S. 95

10 E. Rosendahl 1927, S. 306

11 Friedrich von der Decken 1840, S. 95-96

12 Friedrich von der Decken 1833, I, S. 52

13 U. Weiß 2008, S. 14-20

14 Friedrich von der Decken 1833, I, S. 52

15 H. Grüneberg 1993, S. 20

16 H. Rüggeberg 2007, S. 48-50

17 Die Schwestern Georgs von Calenberg und vor allem Clara von Schwarzburg: vgl. P. Kuhlbrodt 2009

18 H. Münkler 2018, S. 42-46

19 Bilhöfer 2003 in: Der Winterkönig, Amberg 2003, Hrsg.: Wolf, P., S. 23-24

20 Königskinder 2019, Hrsg.: Frieder Hepp, S. 27-33

21 R. Pröve, 1998

22 Friedrich von der Decken 1833, I, S. 225

23 R. Pröve 1998

24 W. v. Wersebe 1928, S. 8-9

25 R. Pröve, 1998

26 H. Münkler 2018, S. 595

27 H. Münkler 2018, S. 599-600

28 R. Pröve, 1998

29 W. v. Wersbe 1928, S. 22-27

30 E. O. Schmidt, vgl. zu dieser Schlacht: Deutschlands Schlachtfelder, S. 29, Leipzig 1842

31 E. Kalthoff 1979, S. 48

32 Herzog Georg von Braunschweig-Lüneburg. Vaterländisches Zeitbild aus dem 30jährigen Kriege von M.v. R. (anonym), Bremen 1891, S. 15-22

33 J. Gebauer: Geschichte der Stadt Hildesheim, II, 1924, S. 86f

34 A. Bertram: Geschichte des Bistums Hildesheim, III, 1925, S. 40

35 R. Pröve, 1998

36 S. Gatenbröcker im Katalog zu der Ausstellung »Hofkunst der Spätrenaissance«, Braunschweig 1998

37 H.-G. Aschoff: Die Welfen, 2010, S. 67f

38 W. Arnold in: Sammler, Fürst, Gelehrter, Herzog August, Wolfenbüttel 1979, S. 97

39 R. Pröve 1998

40 E. Rosendahl 1927, S. 324-325

41 C.-H. Hauptmeyer 1983, S. 63-65

42 G. Schnath 1962, S. 44-45

43 W. v. Wersebe 1928, S. 33

44 R. Pröve 1998

45 R. Pröve 1998

46 W. Arnold in: Sammler, Fürst, Gelehrter, Herzog August, Wolfenbüttel 1979, S. 101

47 Johannes Gebauer, Geschichte der Stadt Hildesheim, II, 1924, S. 90

48 J. Gebauer: II, 1924, S. 90

49 W. v. Wersebe 1928, S. 34

50 R. Busch: Der Leichenzug für die Herzöge Georg und Wilhelm von Braunschweig-Lüneburg 1643, vgl. S. 26

51 M. Reimann: Der Goslarer Frieden von 1642, S. 58

52 W. Arnold in: Sammler, Fürst, Gelehrter, Herzog August, Wolfenbüttel 1979, vgl. S. 103

53 R. Busch: Der Leichenzug für die Herzöge Georg und Wilhelm von Braunschweig-Lüneburg 1643, vgl. S. 23

54 Magdalena (*1618, †1618), Christian Ludwig (*1622, †1665) Georg Wilhelm (*1624, †1705), Johann Friedrich (*1625, †1679), Sophie Amalie (*1628, †1685), Dorothea Magdalena (*1629, †1630) Zwillingsschwester von Ernst August (*1629, †1698) und Anna (*1630, †1636).

55 Schloss Herzberg am Harz 2001, Ausstellung über Georg und Anna Eleonore, Landesarchiv Hannover

Literatur

Arnold, Werner: in Katalog zur Ausstellung; Sammler, Fürst, Gelehrter, Herzog August, Wolfenbüttel 1979

Aschoff, Hans-Georg: Die Welfen. Von der Reformation bis 1918, Stuttgart 2010

Bauer, Volker: Wurzel, Stamm, Krone. Herzog August Bibliothek, Wolfenbüttel 2013

Bertram, Adolf: Geschichte des Bistums Hildesheim, Hildesheim 1925

Brosius, Dieter: Herzogin Dorothea, Heimat- und Museumsverein, Winsen (Luhe) 1991

Busch, Ralf: Der Leichenzug für die Herzöge Georg und Wilhelm von Braunschweig und Lüneburg 1643, Hamburg-Harburg 1992

Dann, Thomas: Die königlichen Prunkappartements im hannoverschen Leineschloss, Hannover 2000

Decken, Friedrich von der: Herzog Georg von Braunschweig-Lüneburg, Beiträge zur Geschichte des Dreißigjährigen Krieges nach den Originalquellen des Königlichen Archivs zu Hannover, 4 Bände, Hannover 1833 und 1834

Decken, Friedrich von der: Galerie von Portaits der berühmten Herzöge von Braunschweig-Lüneburg, Braunschweig 1840

Franz, Eckart G.: Haus Hessen, Biografisches Lexikon, Darmstadt 2012

Fürst, Reinmar u. **Kelsch**, Wolfgang: Wolfenbüttel, Ein Fürstenhaus und seine Residenz, 25 biographische Porträts, Wolfenbüttel 1990

Gatenbröcker, Silke: in Katalog zur Ausstellung; Hofkunst der Spätrenaissance, Braunschweig 1998

Gebauer, Johannes: Geschichte der Stadt Hildesheim, Hildesheim 1924

Geckler, Christa: Die Celler Herzöge, Leben und Wirken 1371-1705, Celle 1986

Görges-Spehr (Hrsg.): Vaterländische Geschichten und Denkwürdigkeiten der Lande Braunschweig und Hannover, 3 Bände, Braunschweig 1925

Grote, Hans-Henning: Schloss Wolfenbüttel, Residenz der Herzöge zu Braunschweig und Lüneburg, Brunschweig 2005

Grüneberg, Hans: Schloss Herzberg und seine Welfen, Herzberg am Harz 1993

Hauptmeyer, Carl-Hans: Calenberg, Geschichte und Gesellschaft einer niedersächsischen Landschaft, Hannover 1983

Hepp, Frieder (Hrsg.): Königskinder, Das Schicksal des Winterkönigs und seine Familie, Heidelberg 2019

Hucker, Bernd U.; **Schubert**, Ernst; **Weisbrod**, Bernd: Niedersächsische Geschichte, Göttingen 1997

Janicke, Karl: Allgemeine Deutsche Biografie, ADB 1878

Kalthoff, Edgar; **Rohr**, Alheidis von: Calenberg: Von der Burg zum Fürstentum, Hannover 1979

Kuhlbordt, Peter: Clara von Schwarzburg – Eine geborene Herzogin von Braunschweig-Lüneburg in Heringen, Heringen-Nordhausen 2009

Leschhorn, Wolfgang: Medaillien des 15. bis 19. Jahrhunderts, Petersberg 2019

Mann, Golo: Wallenstein, Frankfurt am Main 3. Aufl. 1971

Münkler, Herfried: Der Dreißigjährige Krieg, Europäische Katastrophe, Deutsches Trauma 1618-1648, Berlin 2018

Neugebauer, Karl-Volker (Hrsg.): Grundzüge der deutschen Militärgeschichte, 2 Bände, Freiburg 1993

Pröve, Ralf: Niedersachsen und der Dreißigjährige Krieg. Vortrag vom 30.8.1998 in Hannover, veröffentlicht mit freundlicher Genehmigung des Referenten in: DER BUND, Zeitschrift des Welfenbundes, 46. Jahrgang II/1998, Nr. 135

Reimann, Michael: Der Goslarer Frieden von 1642, Hildesheim 1979

Rosendahl, Erich: Geschichte Niedersachsens im Spiegel der Reichsgeschichte, Hannover 1927

Rohr, Alheidis von; **Röhrbein**, Waldemar R; **Schnath**, Georg: Katalog zur Landesgeschichte im Historischen Museum Hannover, Hannover 1985

Rohr, Alheidis von; **Röhrbein**, Waldemar R.: Heil unserem König, Hannover 1995

Rohr, Alheidis von: Stadtansichten Hannovers, Hannover 2001

Römer, Christof: 500 Jahre Krieg und Frieden, Braunschweigische Militärgeschichte vom Fehdezeitalter bis zum Ende des Absolutismus, Braunschweig 1982

Rothert, Wilhelm: Hannover unter dem Kurhut 1646-1815, Hannover 1916

Rüggeberg, Helmut: Geschichte der Stadt Celle im Rahmen der Niedersächsischen Landesgeschichte, Celle 2007

Schmidt, E. O.: Deutschlands Schlachtfelder, Leipzig 1842

Schnath, Georg: Das Leineschloss, Hannover 1962

Schnath, Georg: Vom Sachsenstamm zum Lande Niedersachsen, Göttingen 1966

Steffens, Johann, Heinrich: Geschichte des Durchlauchtigsten Gesamthauses Braunschweig-Lüneburg, Celle 1776

Steigerwald, Eckard: Die Feste Calenberg, Hrsg.: Rotary Club Calenberg-Pattensen 1990

Wagner, Eduard: Tracht, Wehr und Waffen im Dreißigjährigen Krieg, Prag 1980
Weiß, Ulrike: Dame, Herzog, Kurfürst, König, Das Haus der hannoverschen Welfen 1636-1866, Hannover 2008
Wersebe, Wilhelm von: Geschichte der Hannoverschen Armee, Hannover 1928
Wolf, P.; **Henker**, M.; **Brohoff**, E.; **Steinherr**, B.; **Lippold**, S.: in Ausstellungskatalog; Der Winterkönig Friedrich V. Der letzte Kurfürst aus der oberen Pfalz, Amberg 2003
Zimmermann, Paul: Das Haus Braunschweig-Grubenhagen, Wolfenbüttel 1911

Herzog Georg von Braunschweig-Lüneburg. Vaterländisches Zeitbild aus dem 30jährigen Kriege von M. v. R., Bremen 1891

Die Celler Schlosskapelle, Herausgeber: Bomann-Museum, Celle 2012

Atlas des Fürstentums Lüneburg um 1600, Johannes Mellinger, Hrsg.: P. Aufgebauer, K. Casimir, U. Geller, D. Neitzert, U. Ohainski, G. Streich, Bielefeld 2001

Bildnachweis

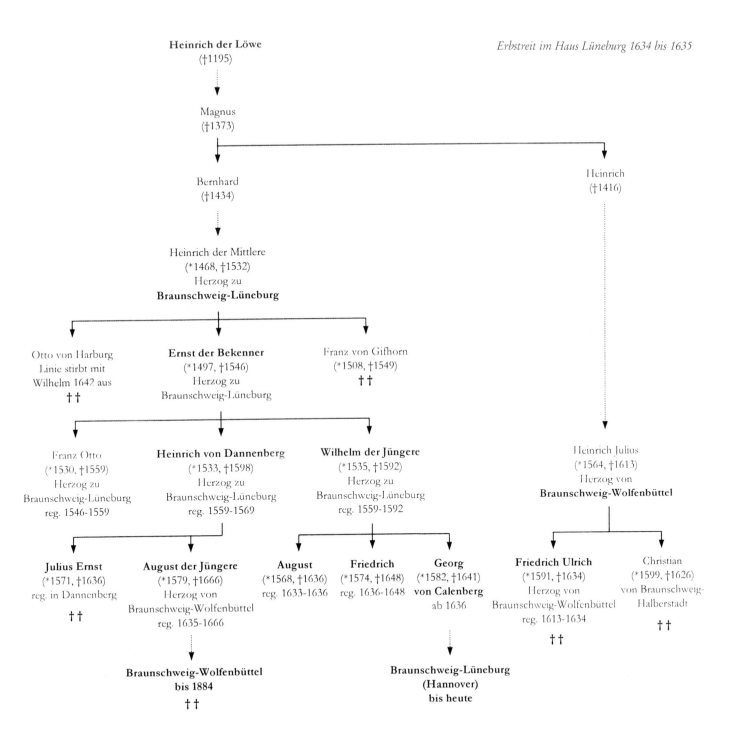

Heinrich der Löwe
(†1195)

Erbstreit im Haus Lüneburg 1634 bis 1635

Magnus
(†1373)

Bernhard
(†1434)

Heinrich
(†1416)

Heinrich der Mittlere
(*1468, †1532)
Herzog zu
Braunschweig-Lüneburg

Otto von Harburg
Linie stirbt mit
Wilhelm 1642 aus
† †

Ernst der Bekenner
(*1497, †1546)
Herzog zu
Braunschweig-Lüneburg

Franz von Gifhorn
(*1508, †1549)
† †

Heinrich Julius
(*1564, †1613)
Herzog von
Braunschweig-Wolfenbüttel

Franz Otto
(*1530, †1559)
Herzog zu
Braunschweig-Lüneburg
reg. 1546-1559

Heinrich von Dannenberg
(*1533, †1598)
Herzog zu
Braunschweig-Lüneburg
reg. 1559-1569

Wilhelm der Jüngere
(*1535, †1592)
Herzog zu
Braunschweig-Lüneburg
reg. 1559-1592

Julius Ernst
(*1571, †1636)
reg. in Dannenberg
† †

August der Jüngere
(*1579, †1666)
Herzog von
Braunschweig-Wolfenbüttel
reg. 1635-1666

August
(*1568, †1636)
reg. 1633-1636

Friedrich
(*1574, †1648)
reg. 1636-1648

Georg
(*1582, †1641)
von Calenberg
ab 1636

Friedrich Ulrich
(*1591, †1634)
Herzog von
Braunschweig-Wolfenbüttel
reg. 1613-1634
† †

Christian
(*1599, †1626)
von Braunschweig-
Halberstadt
† †

Braunschweig-Wolfenbüttel
bis 1884
† †

Braunschweig-Lüneburg
(Hannover)
bis heute

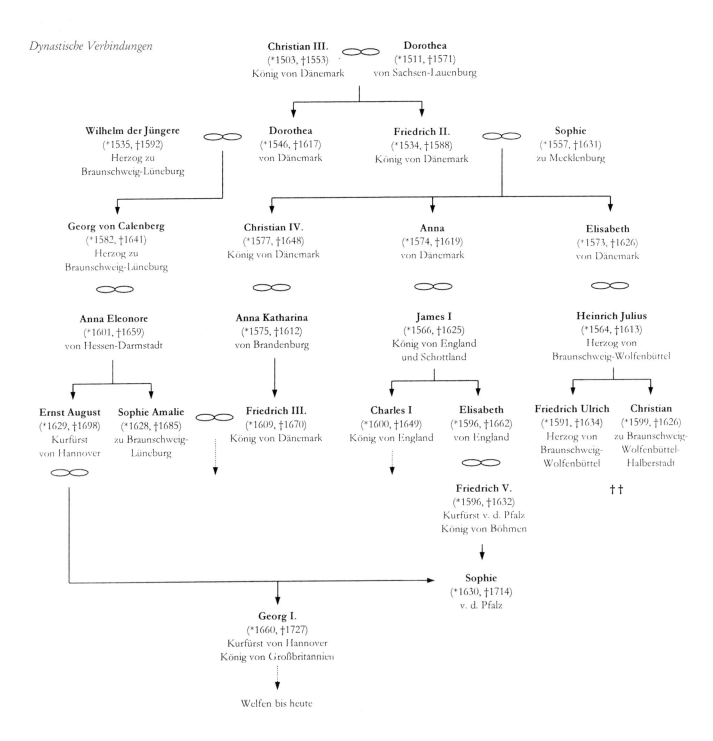

Dynastische Verbindungen

Christian III.
(*1503, †1553)
König von Dänemark

Dorothea
(*1511, †1571)
von Sachsen-Lauenburg

Wilhelm der Jüngere
(*1535, †1592)
Herzog zu
Braunschweig-Lüneburg

Dorothea
(*1546, †1617)
von Dänemark

Friedrich II.
(*1534, †1588)
König von Dänemark

Sophie
(*1557, †1631)
zu Mecklenburg

Georg von Calenberg
(*1582, †1641)
Herzog zu
Braunschweig-Lüneburg

Christian IV.
(*1577, †1648)
König von Dänemark

Anna
(*1574, †1619)
von Dänemark

Elisabeth
(*1573, †1626)
von Dänemark

Anna Eleonore
(*1601, †1659)
von Hessen-Darmstadt

Anna Katharina
(*1575, †1612)
von Brandenburg

James I
(*1566, †1625)
König von England
und Schottland

Heinrich Julius
(*1564, †1613)
Herzog von
Braunschweig-Wolfenbüttel

Ernst August
(*1629, †1698)
Kurfürst
von Hannover

Sophie Amalie
(*1628, †1685)
zu Braunschweig-
Lüneburg

Friedrich III.
(*1609, †1670)
König von Dänemark

Charles I
(*1600, †1649)
König von England

Elisabeth
(*1596, †1662)
von England

Friedrich Ulrich
(*1591, †1634)
Herzog von
Braunschweig-
Wolfenbüttel

Christian
(*1599, †1626)
zu Braunschweig-
Wolfenbüttel-
Halberstadt

††

Friedrich V.
(*1596, †1632)
Kurfürst v. d. Pfalz
König von Böhmen

Sophie
(*1630, †1714)
v. d. Pfalz

Georg I.
(*1660, †1727)
Kurfürst von Hannover
König von Großbritannien

Welfen bis heute

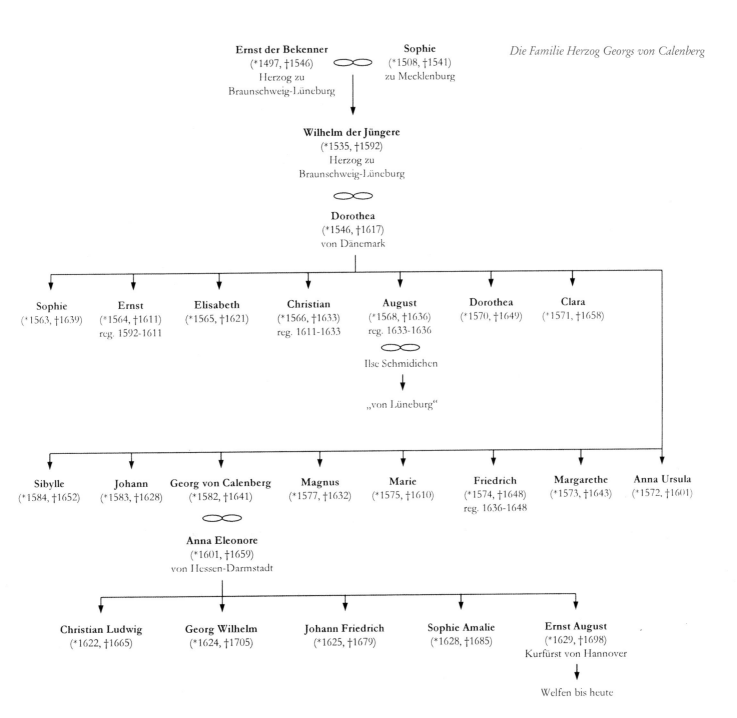

Die Familie Herzog Georgs von Calenberg

Ernst der Bekenner
(*1497, †1546)
Herzog zu
Braunschweig-Lüneburg

Sophie
(*1508, †1541)
zu Mecklenburg

Wilhelm der Jüngere
(*1535, †1592)
Herzog zu
Braunschweig-Lüneburg

Dorothea
(*1546, †1617)
von Dänemark

Sophie
(*1563, †1639)

Ernst
(*1564, †1611)
reg. 1592-1611

Elisabeth
(*1565, †1621)

Christian
(*1566, †1633)
reg. 1611-1633

August
(*1568, †1636)
reg. 1633-1636

Dorothea
(*1570, †1649)

Clara
(*1571, †1658)

Ilse Schmidichen

„von Lüneburg"

Sibylle
(*1584, †1652)

Johann
(*1583, †1628)

Georg von Calenberg
(*1582, †1641)

Magnus
(*1577, †1632)

Marie
(*1575, †1610)

Friedrich
(*1574, †1648)
reg. 1636-1648

Margarethe
(*1573, †1643)

Anna Ursula
(*1572, †1601)

Anna Eleonore
(*1601, †1659)
von Hessen-Darmstadt

Christian Ludwig
(*1622, †1665)

Georg Wilhelm
(*1624, †1705)

Johann Friedrich
(*1625, †1679)

Sophie Amalie
(*1628, †1685)

Ernst August
(*1629, †1698)
Kurfürst von Hannover

Welfen bis heute